한 법조인이 본 금강경

임희동(任熙東) 저

다산출판사

이 책을 쓰는 이유

저는 1950년 2월 20일생의 남자로 현재 72세입니다.

1966년 중학교를 졸업하고 1969년 상업고등학교를 졸업한 후 한국외환은행에 입행하였고, 1970년 야간대학인 국제대학에 입학하였습니다. 대학 2학년 2학기 때 은행을 그만두고 사법시험 준비를 하여 1974년 제16회 사법시험에 합격하고 사법연수원 6기로 수료한 후, 육군 법무관으로 제대하였습니다. 그 후 1979년 부산지방법원 판사로 임명되어 근무하다가 1983년 변호사를 개업하였고 2001년에는 다시 시·군법원 판사로 재임용되어 근무하다가 2015년 65세로 정년퇴직하였습니다.

사법시험에 합격한다는 보장이 없었기 때문에, 1974년 대학을 졸업하던 해에 한국은행 입행시험에 합격하여 잠깐 근무하기도 하였습니다.

60명 중 한 명으로 사법시험에 합격했을 때는 앞으로 어떻게 살아가야 할 것인가를 고민하기 시작했는데, 「열국지」 5권을 만나 인간의 역사를 공부하게 되면서 얻은 결론은 '사람'이었습니다.

한 나라도 충신이 있는 나라는 번성하고, 간신이 있는 나라는 망했습니다. 한 집안도, 회사도 제대로 된 사람이 있으면 흥하고, 제대로 된 사람이 없으면 망합니다. 그러면 사람이라는 것은 무엇일까? 인류 역사에서 제대로 된 사람이 누구일까? 하고 생각해 보니, 석가모니가 마음에 와닿았습니다. 왕이 될 사람이 왕을 포기하고 붓다가 되었는데, 2500년 이상이 지난 지금도 많은 사람들이 존경하고 따르고 있기 때문입니다.

그분의 가르침이 「금강경」이라고 해서, 청담스님께서 해설한

두툼한 「금강경」을 당장 읽어 보았지만 아무리 읽어도 무슨 말인지 알 수가 없었습니다. 누군가가 또 「원불교경전」을 읽어 보라고 해서, 불교의 가르침이 '생멸이 없는 도'와 '인과보응의 이치'를 가르친 것임을 알게 되었지만, 무언가 시원하지는 않았습니다.

그때부터 48년가량을 석가모니의 진정한 가르침이 무엇인지 꾸준히 탐구를 해왔습니다만 소위 깨달음과는 거리가 멀었습니다.

깨달을 뻔했던 경험은 약간 있었지만 잠깐의 깨어남의 경험이어서 '설마 이것이 맞을까?' 하는 생각이 들었습니다.

그러나 제가 읽은 수많은 책 중 마하리쉬의 「나는 누구인가?」,[1] 발세카의 「담배 가게 성자」,[2] 무위 해공의 「대자유로 가는 길, 나는 없다」,[3] 그리고 케이티의 「당신의 아름다운 세계」[4]라는 책들의 내용이 소위 진리란 무엇인가?의 견처를 주었다고 생각되어서, 이제 제가 「한 법조인이 본 금강경」이라는 책을 하나 써 보기로 했습니다.

한글 「금강경」은 여러 버전이 있지만, 무위 해공님의 「금강경 강의록」에 있는 것을 대본으로 하되, 저의 견해와 다른 부분은 일부 고쳤습니다.

이 「금강경」을 읽음에 있어서 그 내용에 관심을 가지고 일일이 시비하지 마시고 지금 이 「금강경」을 읽는 것이 누구인지, 무엇인지 탐구해 보는 것이야말로 이 「금강경」이 가르치는 바임을 아시기 바랍니다.

---

1) 라마나 마하리쉬, 「나는 누구인가?」, 이호준 역, 청하출판사, 1996.
2) 라메쉬 발세카, 「담배 가게 성자」, 이명규·송영훈 역, 책세상, 2009.
3) 무위 해공, 「대자유로 가는 길, 나는 없다」,
4) 바이런 케이티, 「당신의 아름다운 세계」, 이창엽 역, 침묵의 향기, 2019.

이 「금강경」을 읽는 것을 알아차리는 것이, 바로 「금강경」이 가르치는 본래의 '절대무아'입니다.

즉, 「금강경」을 읽고 이렇게도 해석할 수 있고, 저렇게도 해석할 수 있지만, 「금강경」을 읽는 것은 무유고하(無有高下), 무유아타(無有我他), 절대평등(絶對平等), 무유거래(無有去來), 본래무일물(本來無一物), 절대무아(絶對無我), 여여부동(如如不動)입니다.

이런 비유가 적당할 것 같습니다.

누군가가 거울에 자기를 비춰 보았더니, 아무것도 보이지 않았습니다. 그래서 자기가 거울에 비칠 수 있도록 형상(形象)으로 만들어 보았습니다. 거울에 비친 자기 형상이 좋기는 하였지만 외로웠습니다. 그러자 그 누군가는 다시 자기와 상대되는 형상도 만들고, 자녀들이라는 형상도 만들고, 친구라는 형상도 만들고, 놀잇감이라는 형상도 만들었더니 기쁜 이야기, 슬픈 이야기도 있게 되어 참 재미가 있었습니다.

그런데 그렇게 재미를 보던 누군가와 그가 만든 다른 형상들이 서서히 하나하나 본래의 원형(原形), 즉 거울에 비치지 않는 누군가로 되돌아가자, 거울에는 아무것도 보이지 않았습니다.

이처럼 누군가가 만든 거울에 비친 자기와 누군가가 만든 모든 것들의 본래의 원형은 거울에 비치는 무엇이 아니었습니다. 깨달음을 경험하려면, 어떤 사람이 있어야 합니다. 그런데 거울에 비치지 않은 누군가는 모습이 없으므로 어떤 사람이라고 지칭할 수 없습니다.

그러므로 거울에 비치지 않는 누군가에게는 깨달음이라는 것이 없습니다. 깨달음이라는 것은 모두 거울에 비친 어떤 사람의 이야기일 뿐입니다.

절대 진리, 즉 거울에 비치지 않는 누군가는 모습이 없으므로, 누구라고 말할 수 있는 존재가 아니기 때문에, 누군가는 알 수 있는 존재가 아닙니다.

오히려 "누군가가 무엇이냐?"고 물었을 때 "모른다."고 답하는 것이 진실에 가깝습니다.

즉, "진정한 나는 누구인가?"라는 물음에 답이 있을 수 없습니다. 그 물음에 생각만 중단되면 됩니다. 그러므로 침묵만이 정답입니다. "아무것도 없습니다."도 안 됩니다. 그렇게 묻는 것이 진정한 나일 뿐입니다.

최상승자(最上乘者)라면 우주 전체가 자기 몸이라고 상상해 보시기를 권합니다. 우리 몸의 세포들은 생멸하지만 몸은 그대로 존재합니다.

저처럼 진리를 찾아 헤매는 사람들에게 참고가 된다면 행복하겠습니다.

2023. 2. 25.
여공(如空) 임희동(任熙東) 삼가 올림

목 차

제1 법회인유분(法會因由分) ·· 11
　　- 말없이 진리를 보이시다

제2 선현기청분(善現起請分) ·· 16
　　- 공(空)이 공에게 법을 청하다

제3 대승정종분(大乘正宗分) ·· 21
　　- 제도할 중생이 하나도 없더라

제4 묘행무주분(妙行無住分) ·· 29
　　- 무엇에도 머무르지 않으니 묘한 행이더라

제5 여리실견분(如理實見分) ·· 34
　　- 상이 상이 아님을 보면 여래를 본다

제6 정신희유분(正信希有分) ·· 37
　　- 바른 믿음은 참으로 희유하다

제7 무득무설분(無得無說分) ·· 43
　　- 얻을 깨달음도 없고 설함도 없다

제8 의법출생분(依法出生分) ·· 46
　　- 붓다와 그 깨달음 법이 이 경으로부터 나온다

제9 일상무상분(一相無相分) ·· 50
　　- 어떠한 상도 가질 수 없다

제10 장엄정토분(莊嚴淨土分) ················· 55
  ─ 장엄정토는 말일 뿐이니 머무르지 말고 마음을 내어라

제11 무위복승분(無爲福勝分) ················· 60
  ─ 함이 없는 복덕이 가장 뛰어나다

제12 존중정교분(尊重正敎分) ················· 63
  ─ 이 경이 설해지면 천인 아수라가 공양하고,
    이 경이 있는 곳은 부처와 제자가 있는 곳이다

제13 여법수지분(如法受持分) ················· 67
  ─ 여래는 진리를 설한 바가 없다

제14 이상적멸분(離相寂滅分) ················· 72
  ─ 일체의 모든 상을 떠나면 부처라 한다

제15 지경공덕분(持經功德分) ················· 83
  ─ 이 경을 받아 지니고 독송하며 널리 다른 사람들에게
    설명한다면, 깨달음을 얻고 불가사의한 공덕을 이룰 것이다

제16 능정업장분(能淨業障分) ················· 87
  ─ 이 경을 받아 지니고 읽으면, 능히 업장을 소멸하고
    깨달음을 얻게 될 것이다

제17 구경무아분(究竟無我分) ················· 90
  ─ 무아법을 통달한 사람이라야 진실한 보살이다

제18 일체동관분(一體同觀分) ················· 99
  ─ 모두가 한몸이어서 다름을 볼 수 없도다

제19 법계통화분(法界通化分) ··· 103
　　― 이 세상 복덕이라는 것은 실체가 없다

제20 이색이상분(離色離相分) ··· 108
　　― 육신으로는 부처를 볼 수 없고,
　　　이미지로는 여래를 볼 수 없다

제21 비설소설분(非說所說分) ··· 112
　　― 진리 아닌 것은 말할 수 있으나 진리는 말로 설명할 수 없다

제22 무법가득분(無法可得分) ··· 116
　　― 얻을 수 있는 조그마한 진리도 없고,
　　　얻을 수 있는 깨달음도 없다

제23 정심행선분(淨心行善分) ··· 119
　　― 이 법은 평등하여 높고 낮음이 없다

제24 복지무비분(福智無比分) ··· 123
　　― 복덕과 지혜는 비교할 수 없다

제25 화무소화분(化無所化分) ··· 125
　　― 여래가 제도할 중생이 없다

제26 법신비상분(法身非相分) ··· 130
　　― 형색으로 나를 보려 하지 말라

제27 무단무멸분(無斷無滅分) ··· 137
　　― 끊어지고 멸하여 아무것도 없다는 견해,
　　　즉 죽으면 그만이라는 생각을 내지 말라

제28 불수불탐분(不受不貪分) ················· 141
　　─ 참된 보살은 복덕을 받으려 하지도 않고, 탐하지도 않는다

제29 위의적정분(威儀寂靜分) ················· 143
　　─ 진리는 오고감이 없다

제30 일합상리분(一合相理分) ················· 149
　　─ 하나로 합쳐진 모습은 말로 설명할 수 없다

제31 지견불생분(知見不生分) ················· 152
　　─ '이것이 법이다'라는 견해를 내지 말라

제32 응화비진분(應化非眞分) ················· 157
　　─ 드러난 모든 것은 실체가 없으니,
　　　그런가 보다 하고 마음을 동하지 말라

부록1 : 여공(如空)의 일시적인 깨어남 ················· 163

부록2 : 바이런 케이티의 깨달음 ················· 189

마침인사 : 소를 찾는 여행 ················· 196

第一　法會因由分 법회인유분
― 말없이 진리를 보이시다

한글 금강경

이와 같이 나는 들었다. 한때 부처님께서는 사위국에 있는 기원정사에서 1,250명의 제자들과 함께 계셨다.

그때 세존께서는 공양할 때가 되었으므로 가사를 입고 발우를 들고 사위성에 들어가셨다.

성 안에 있는 집들을 차례로 다니면서 탁발을 마치신 후, 다시 본래 계신 곳으로 돌아와 공양을 끝내신 다음, 가사와 발우를 거두고, 발을 씻으신 뒤 자리를 펴고 앉으셨다.

한문 금강경

如是我聞여시아문 一時일시 佛불 在舍衛國재사위국 祇樹給孤獨園기수급고독원 與大比丘衆여대비구중 千二百五十人俱천이백오십인구 爾時이시 世尊세존 食時식시 着衣持鉢착의지발 入舍衛大城입사위대성 乞食걸식 於其城中어기성중 次第乞已차제걸이 還至本處환지본처 飯食訖반사흘 收衣鉢수의발 洗足已세족이 敷座而坐부좌이좌

저자의 견처

"이와 같이 나는 들었다."에서 '이와 같이'는 어떻게 들었다는 말일까요?

들어도 들은 바 없이, 보아도 본 바 없이, 즉 노자가 말하는 무위(無爲)로 들어야 합니다. 「금강경」의 가르침에 따르면 머물

지 말고 들어야 합니다. 또 「금강경」의 가르침은 '무아(無我)', 즉 '나 없음'을 가르치기 때문에 듣는 '나'가 없이 들어야 합니다.

우리는 몸을 나로 알고 살아갑니다. 그러나 몸은 늘 변합니다. 변하는 몸 중 어느 때의 몸을 나라고 하겠습니까? 열 살 때의 몸을 나라고 하겠습니까, 스무 살 때의 몸을 나라고 하겠습니까, 일흔 살 때의 몸을 나라고 하겠습니까?

또 마음을 나라고 합니다. 마음도 늘 변합니다. 이렇게 변하는 마음 중 어느 때의 마음을 나라고 하겠습니까?

그러면 '나'가 없을까요? 이렇게 존재하고 있는데 이 존재감은 무엇이란 말입니까? 이 존재감을 알 수 있을까요?

눈은 모든 것을 다 보지만 눈이 눈을 볼 수 없듯이, 이 존재감도 모든 것을 다 하고 다 알지만 존재감 자신을 알 수 없습니다. 알면 존재감이 아닌 다른 것이기 때문입니다.

그러므로 내가 하나님, 부처님이라고 아는 것은 하나님이나 부처님이 아닙니다.

「도덕경」에 도가도비상도(道可道非常道), 즉 도를 도라고 하면 항상 하는 도가 아니라고 하였습니다.

「능엄경」에서는 소리와 듣는 성품에 대하여 이야기하였습니다. 소리가 있을 때는 물론 듣습니다. 그러나 소리가 없어도 듣는 성품은 변하지 않고 그대로 존재합니다. 이 듣는 성품은 불생불명, 즉 나지도 죽지도 않습니다.

같은 「능엄경」에 왕이 붓다에게 "내 몸은 어릴 때부터 지금 늙어 죽을 무렵까지 변하여 왔다."고 하자, 붓다는 "불생불멸하는 것이 있다."고 하면서, 왕에게 "어느 때 갠지스 강을 봤느냐?"고 묻습니다. 그러자 왕은 "어릴 때부터 지금까지 쭉 봐왔다."고 합니다. 그러자 붓다는 왕에게 "그 보는 성품이 늙었느냐?"고 묻습니다.

이 보는 성품을 보는 것을 '견성'이라고 합니다. 이 성품은 누구나 가지고 있는 공통의 것입니다. 따로 나누어져 있지 않습니다. 외부적으로 나누어져 있는 것으로 보이는 것은 내 몸과 마음을 '나'라고 보는 습관 때문에 다른 사람을 '너'로 보고, 세계가 나와 따로 떨어져 존재한다고 보기 때문입니다.

그러나 나라고 보는 몸과 마음은 결국 죽어버립니다. 이렇게 죽어 사라지는 몸과 마음을 나라고 보는 것을 '에고'라고 하지만 그것이 실제로 존재한다는 주체의식, 즉 개별의식은 헛것이고 가짜입니다. 이 가짜를 가짜로 보는 것이 정견이고, 깨달은 것이라고 합니다.

그러니까 나는 없는 것입니다. 6조 혜능대사도 본래무일물(本來無一物)이라고 했습니다. 나도, 너도, 세계도 본래 없다는 것입니다. 의식에만 있는 것들입니다. 의식은 지금 살고 있는 현실로도 투영되고, 꿈을 꾸기도 하고, 깊은 잠을 자기도 합니다. 깊은 잠을 자면 나도, 너도, 세계도 없습니다. 그러나 깊은 잠을 잘 잤다는 존재감은 있습니다.

꿈을 꾸어 보면 꿈속에 나도 있고 너, 즉 타인도 있고, 세계도 있습니다. 꿈속의 나를 내가 어떻게 할 수 없습니다. 꿈에서 깨어나면 꿈속의 것들은 모두 사라집니다. 이 세상의 삶도 꿈속의 삶과 다르지 않다는 것이 현자들의 가르침입니다. 모두가 이미지[상(相)]라는 것입니다.

붓다의 가르침의 핵심은 '무아(無我)'입니다. 그러나 이렇게 있는 것은 무엇일까요? 이렇게 있는 것, 그것은 모두가 진리의 나타남입니다. 진리 아닌 것이 없습니다. 그래서 이렇게 듣는 것입니다.

　석가모니의 행동을 보세요. 옷을 입고 맨발로 그릇을 들고 밖으로 나가서, 그릇에 밥을 빈 다음, 자리로 돌아와 밥을 먹고 그릇을 씻고 발을 씻은 뒤 자리를 펴고 앉으십니다.

　우리의 행동과 다른 점이 있나요? 밥을 먹었으니 똥도 쌌을 것입니다. 하나님의 아드님이라는 예수님도 마찬가지입니다.

　달마대사는 양나라 무제에게 성스러운 진리라는 것은 없다고 하셨습니다. 우리가 접하는 현실이 그대로 진리의 나타남입니다. 그런데 우리는 따로 성스러운 진리를 찾습니다.

　어쩌다가 스승 없이 홀로 깨달은 케이티라는 미국 여성은 현실과 다투면 고통이라고 하였습니다.

　지금 우리가 접하는 이 현실을 진리의 나타남으로 보고 귀하게 받아들여야 합니다. 현실이 아무리 고통스러운 것일지라도 말입니다. 병들어 아프고, 설사 죽음이 와도 그 현실을 기쁘게 받아들여야 합니다. 이것이 깨달은 도인의 행동입니다.

　예수님께서도 "항상 기뻐하라."고 하셨고 중국 도인들도 매일매일이 좋은 날[일일시호일(日日是好日)]이라고 해야 도인의 삶이라고 하였습니다.

　우리는 어떻습니까? 현실을 무시하고 맨날 다른 좋은 것을 찾습니다. 그러면서 언제나 불행하다고 합니다. 늘 미래의 행복을 찾아 헤매고 심지어 죽은 후의 행복도 찾습니다.

　'한때'입니다. '찰나'라는 말도 있습니다. 한때나 찰나나 그 순간, 진리는 항상 이렇게 현실에 있습니다.

　좋고 성스러운 것만이 진리가 아닙니다. 절대, 즉 진리가 나타내는 이 현실은 음양, 즉 항상 상대성으로 나타납니다. 좋은 것과 나쁜 것이 함께 나타납니다.

선악과(善惡果)를 따 먹으면, 즉 좋고 나쁜 것을 나누면 타락합니다. 에덴동산에서 쫓겨납니다.

다행히 나타나는 것은 한때입니다. 항상 변합니다.

제행무상(諸行無常)이요, 시생멸법(是生滅法)이라,

생멸멸이(生滅滅已)하면, 적멸위락(寂滅爲樂)이라.

마하리쉬도 가르침은 침묵으로만 합니다.

3조 승찬대사의 신심명에 지도무난(至道無難) 유혐간택(唯嫌揀擇)이라고 했습니다. "도에 이르는 것은 어렵지 않나니, 다만 간택만 하지 않으면 된다."고 했습니다.

우리는 어떻습니까? 늘 좋은 것과 나쁜 것을 가리면서 항상 "나는 불행하다."고 탄식하지 않나요?

이제 이런 탄식을 그만두어야 합니다.

第二 善現起請分 선현기청분
— 공(空)이 공에게 법을 청하다

한글 금강경

그때 장로 수보리가 대중 속에서 일어나 오른쪽 어깨를 드러내고 오른쪽 무릎을 땅에 꿇고 합장하여 공경을 표시하면서 부처님께 말씀드렸다.

"참으로 드물고 존귀하신 세존이시여! 여래께서는 모든 보살들을 잘 보살펴 주시고, 잘 타일러 가르치십니다. 세존이시여! 궁극의 치우침 없는 완전한 깨달음인 아뇩다라삼먁삼보리를 향한 마음을 일으킨 순수하고 어진 선남자 선여인은 어떻게 행동해야 하며 그 마음을 항복받아야 합니까?"

부처님께서 말씀하셨다.

"참으로 훌륭하다, 수보리야! 그대가 말한 것처럼 여래는 모든 보살들을 잘 보살피고 잘 타일러 가르친다. 아뇩다라삼먁삼보리를 향해 마음을 일으킨 선남자와 선여인이 어떻게 행동해야 하고 어떻게 그 마음을 항복받아야 하는지 이제 설할 것이니, 그대는 깊이 새겨들어라."

"네, 세존이시여! 기꺼이 새겨서 듣겠습니다."

한문 금강경

時시 長老장로 須菩提수보리 在大衆中재대중중 卽從座起즉종좌기 偏袒右肩편단우견 右膝着地우슬착지 合掌恭敬합장공경 而白佛言이백불언 希有世尊희유세존 如來여래 善護念諸菩薩선호념제보살 善付囑諸菩薩선부촉제보살 世尊세존 善男子선남자 善女人선여인 發阿耨多羅三藐三菩提心발아녹다라삼먁삼보리심 應云何住응운하주 云何降伏其心운하항복기심 佛言불언 善哉善哉선재선재 須菩提수보리 如汝所説여여소설 如來여래 善護念諸菩薩선호념제보살 善付囑諸菩薩선부촉제보살 汝今諦請여금체청 當爲汝説당위여설 善男子선남자 善女人선여인 發阿耨多羅三藐三菩提心발아녹다라삼먁삼보리심 應如是住응여시주 如是降伏其心여시항복기심 唯然유연 世尊세존 願樂欲聞원락욕문

> 저자의 견처

해공제일(解空第一) 수보리가 질문합니다.

"우리는 어떻게 살아야 하고, 어떻게 그 마음을 항복받아야 합니까?"

붓다께서 "내가 이제 말할 것이니 깊이 새겨들어야 한다."

수보리가 붓다에게 묻는 것이 아니라, 붓다가 붓다에게 묻고, 붓다가 답하는 것입니다. 해공제일(解空第一)의 수보리는 '나'가 없습니다. 붓다께서도 내가 붓다라는 생각이 없습니다.

수보리가 붓다에게 절을 합니다. 붓다가 붓다 자신에게 절을 하는 것입니다.

우리는 만나는 모든 현실에 좋다, 나쁘다라는 생각을 버리고, 설사 나쁜 것일지라도 그 현실에게, 붓다로서 붓다에게 공손하고 겸손하게 절하듯이 해야 합니다.

원불교는 처처불상 사사불공(處處佛像 事事佛供)하라 합니다.

"어떻게 행동하고 살아야 하느냐?"는 질문에, 붓다께서는 "어떤 것에도 머물지 말라."고 하십니다. 색성향미촉법(色聲香味觸法), 모양, 소리, 향기, 맛, 감촉, 생각, 즉 대상, 어떤 것에도 머

물지 말라는 것입니다. 이 세상 모든 것에 머물지 말라고 하십니다.

이 세상 모든 것은 항상 변하고 소멸되는 것이기 때문에 사실 우리는 머물 수가 없는데, 이에 머물러 소유하려고 집착하기 때문에 불행해진다는 것입니다.

이 세상에 항상 변하지 않고 그대로 있는 것이 있나요? 우리의 몸부터 한번 보세요. 늘 변하지 않나요? 결국에는 죽지 않나요? 우리의 마음도 늘 변하지 않나요? 머무를 수 있는 것이 있나요?

그런데 늘 존재하는 것으로 착각되는 것이 있는데, 우리의 기억 속에 이미지[상(相)]로는 존재하는 것 같을 뿐입니다. 모든 이미지는 그림일 뿐, 실제로 있는 것은 아닙니다.

이것을 알면 진리를 볼 수 있다고 합니다. 약견제상(若見諸相) 비상(非相)이면 즉견여래(卽見如來)하리라.

마음을 어떻게 항복받을 수 있을까요? 마음은 생각입니다. 무념(無念), 즉 생각 없음이 불교의 종지라고 합니다. 마음에는 본래 아무것도 없습니다. 그러니 마음을 다스리거나 항복받을 것이 없습니다.

어린이는 생각이 없습니다. 그래서 어린이는 순수합니다. 예수께서도 어린아이라야 천국에 갈 수 있다고 했습니다.

마하리쉬는 모든 생각은 나라는 생각이 기초라고 했습니다. '나는 누구인가?'에 집중하여 탐구하다 보면 다른 생각은 모두 소멸하고, '나는 누구인가?'라는 생각만 남아 있다가 궁극에는 그것도 사라진다고 합니다.

이때, 즉 아무것도 없을 때 진리가 나타난다고 합니다.
혹시 어떤 생각이 또 떠오르더라도 "이 생각이 누구에게서 일어나는가?"라고 물으면, "나"라는 답이 나올 것이고, 그러면 다시 '나는 누구인가?'를 탐구하면 된다고 합니다.

소크라테스도 "너 자신을 알라."고 했습니다. 소크라테스는 본래의 나 자신은 모르는 것이라고 했습니다. 나는 나 자신을 모른다는 것을 안다고 했습니다.
우리 고려의 보조국사 지눌께서도 수심결에 단지불회(但知不會)면, 시즉견성(是即見性)이라, 즉 자기가 진정한 자기를 알 수 없음만 알면 견성한다고 했습니다.

여러분의 진정한 자기는 알 수 없습니다. 자기 눈이 외부 모든 것은 다 보지만 자기 스스로는 보지 못함과 같습니다.
쓸데없는 노력을 하지 마세요. 깨닫겠다고 애쓰지 마세요. 그냥 알지 못하는 존재라는 것만 인정하세요. 알지 못하지만 이렇게 존재하고, 이렇게 작용하고 있습니다. 그 작용은 우리가 볼 때 나쁘게도, 좋게도 작용합니다. 그러니 좋다, 나쁘다를 가리지 마세요. 선악과를 따 먹지만 마세요.
모두가 이 우주, 하나의 작용입니다.
이 진리, 하나 이외에 아무것도 없음을 확철대오하면 통쾌한 일일 것입니다.
그러나 생각은 현실, 즉 우리의 삶이 됩니다. 누구든지 현실과 다투면 집니다.
그래서 우연히 스승 없이 홀로 깨달은 바이런 케이티라는 미국 여성이 제시한 아래 '4가지 작업'을 해보세요.

1. 그게 진실인가요?
2. 그게 진실인지 당신은 확실히 알 수 있나요?
3. 그 생각을 믿을 때 당신은 어떻게 반응하나요? 무슨 일이 일어나나요?
4. 그 생각이 없다면 당신은 누구일까요?

우리는 "이것이 문제다, 저것이 문제다." 하면서 문제를 해결한다고 괴로운 삶을 살아갑니다. 그러나 생각이 문제일 뿐, 문제는 없습니다. 그래서 생각에 질문을 던져 보라는 것입니다.

생각이 없다면 아무것도 없습니다. 이 통찰 하나만 가지면 괴로움과 고통 없이 평화롭고 행복하게 살아갈 수 있습니다. 이것이 「금강경」의 핵심 가르침입니다.

第三　大乘正宗分 대승정종분
— 제도할 중생이 하나도 없더라

> 한글 금강경

부처님께서 수보리에게 말씀하셨다.

"모든 보살은 마땅히 이와 같이 그 마음을 항복받아야 한다. 존재하는 모든 중생의 종류, 즉 알에서 태어나는 것이나, 태에서 생겨나는 것이나, 습기로 생겨나는 것이나, 변화하여 생기는 것이나, 형태가 있는 것이나 없는 것이나, 생각이 있는 것이나 없는 것이나, 생각이 있는 것도 아니고 없는 것도 아닌 것들을 내가 모두 완전한 열반에 들게 하여 제도하리라.

이와 같이 한량 없고 헤아릴 수 없고 끝이 없는 중생들을 제도하였더라도 실제로는 그 어느 중생도 열반을 얻은 자가 없다.

왜냐하면 수보리야! 만약 보살이 아상, 인상, 중생상, 수자상이 있으면 곧 보살이 아니기 때문이다."

> 한문 금강경

佛告불고 須菩提수보리
諸菩薩摩訶薩제보살마하살 應如是降伏其心응여시항복기심
所有一切衆生之類소유일체중생지류 若卵生약란생 若胎生약태생 若濕生약습생 若化生약화생 若有色약유색 若無色약무색 若有想약유상 若無想약무상 若非有想非無想약비유상비무상 我皆令入無餘涅槃아개령입무여열반 而滅度之이멸도지
如是滅度無量無數無邊衆生여시멸도무량무수무변중생 實無衆生得滅度者실

무중생득멸도자
何以故하이고 須菩提수보리 若菩薩약보살 有유 我相아상 人相인상 衆生相중생상 壽者相수자상 卽非菩薩즉비보살

저자의 견처

「당신의 아름다운 세계」의 저자 케이티는 "깨닫고 보니 아무 것도 없다[nothing]. 그리고 모두 하나[oneness]이다."라고 했습니다.

자기 집도 찾아가지 못하고, 자기의 남편, 자기의 자식들도 몰라봅니다. 아무 집이나 자기 집이라고 들어갑니다. 어쩌면 이것이 깨달음의 극치가 아닌가 싶습니다.

케이티는 4가지 작업을 하라고 합니다.

당신의 생각이 진실한지 탐구하라고 합니다. 그 다음 정말로 자기의 생각이 진실하다고 확신할 수 있는지 다시 물어보라고 합니다. 그리고 그 생각이 진실하다고 믿을 때, 당신의 몸의 반응이 어떤지 살펴보라고 합니다. 마지막으로 그 생각이 없다면 당신은 누구이고 무엇인지 살펴보라고 합니다.

생각이 없다면, 어린아이 같이 항상 편안하고 즐겁겠지요.

그래서 불교의 가름침의 종지가 무념(無念)인 것입니다.

조주스님이 제시한 화두가 '무(無)', 즉 nothing입니다. 6조 혜능대사의 본래무일물(本來無一物), 즉 나라는 생각이 있을 수 없습니다.

우선 모든 자기 생각들[중생]을 구제하여 열반에 들게 하겠다고 마음을 먹으라고 합니다. 마음은 생각들로 구성되어 있습니

다. 그러나 모든 생각들을 구제하고 보니, 한 생각도 열반에 들게 한 생각이 없다고 보라는 것입니다. 즉, 있는 생각을 없애서 자기 마음을 정화하는 것이 아니고, '있는 그대로' 마음은 본래 정화되어 있음을 알라는 것입니다.

왜냐하면 나라는 생각, 사람이라는 생각, 중생이라는 생각, 나이가 들었다는 생각 등, 모든 생각이 진실한 것이 아니고, 본래 없는 헛것임을 알아야 한다는 것입니다.

생각에는 우주 생각, 개인 생각이 있음을 알아야 합니다. 본래 우주 생각은 우주가 자기를 나타내기 위하여 만들어 내는 것이고, 그 생각 아닌 생각은 우주 에너지입니다. 그래서 창조력이 있습니다.
따라서 우주의 생각 아닌 생각에 따라서 우리 현실에 존재하는 모든 중생의 종류, 즉 알에서 태어나는 것이나, 태에서 생겨나는 것이나, 습기로 생겨나는 것이나, 변화하여 생기는 것이나, 형태가 있는 것이나 없는 것이나, 생각이 있는 것이나 없는 것이나, 생각이 있는 것도 아니고 없는 것도 아닌 9류 중생, 우주 만물만상의 형상들이 창조되는 것입니다.
그러나 이 창조된 것들은 항상 있는 것이 아니고, 늘 변화하는 그림자[환(幻)] 같은 존재들입니다.
이 존재들이 자기 형상이 자기라고 착각하고, 없는 생각들을 만들어 내서 자기 현실이라는 것을 만들기도 합니다.

그러니까 만들어진 이 '나'는 언제나 '나' 개인의 입장이 아니라, '본래 우주의 입장', '본래의 나', '참나의 입장', 즉 전체를 위한 입장에서 각자 자기 생각들을 잘 검토하여 이를 행동으로 할 것인지, 하지 않을 것인지를 신중하게 살피고 행동하여야 합니다.

있지도 않은 '나' 개인의 생각에 따른 행동을 하면 고통이 따르고 후회하게 됩니다.

이렇게 관찰하는 것, 지켜보는 것이 '참나'인데, 이를 무시하고 개인만을 위하여 헛생각을 하고 행동을 하면 고통이 따릅니다. 그래서 케이티는 각자의 생각들이 진실한지 탐구하고 행동하라는 것입니다.

무아봉공(無我奉公)의 자세가 우주, 참나의 입장이고, 이런 우주의 생각은 생각 아닌 생각이라고 해야 한다고 했습니다.

이에 반해 있지도 않은 개인의 생각은 실은 없는 것이지만, 그 개인들의 생각도 현실화되는 것처럼 보이는 착각된 현실로 만들어지는 것임을 알아야 합니다.

즉, 개인 '나'가 이렇게 하여야 하겠다고 생각하고 행동하면 우주는 그 생각대로 움직여서 현실이 되어 줍니다.

그러니 어찌 되었건 생각들, 즉 우주의 생각 아닌 생각이나 각자 개인들의 생각으로 인해 나타난 그 현실은 스크린에 나타난 그림자, 즉 환(幻)이지만 있는 것처럼 보입니다.

그러므로 이 현실이 그림자임을 알면 되는 것이지, 이 그림자를 실재하는 것으로 착각하고 없애려 하거나 고치려고 다투면 그것은 고통입니다. 우리 개인은 이 그림자, 도깨비를 어떻게 할 수 없음을 명심하여야 합니다.

어떻든 이 생각이라는 것이 참 재미있습니다. 내가 옳다고 생각할 수도 있고, 그르다고 생각할 수도 있습니다. 내가 깨달았다고 생각할 수도 있고, 깨닫지 못했다고 생각할 수도 있습니다.

하나의 자기가 이렇게 생각할 수도 있고 저렇게 생각할 수도 있습니다. 이렇게 생각을 하거나 저렇게 생각을 하거나, 하나의 자기는 똑같고, 그 생각에 영향을 받지 않습니다.

「금강경」을 처음 읽을 때, 무유정법(無有定法), 즉 정해진 법이 없다는 말은 수긍이 되었습니다. 법을 해석하는 데 있어서도 다수설이 있고 소수설이 있는데, 대법관은 그 소수 의견을 판결에 쓰도록 되어 있습니다.

그러나 시대가 변함에 따라, 소수설이 다수설로 변경되어 판례가 변하기도 합니다.

「금강경」에서의 법은 6근이라는 안이비설신의(眼耳鼻舌身意)의 의(意)가 보는, 6진인 색성향미촉법(色聲香味觸法)의 법(法), 즉 의식이 내는 생각입니다.

그러나 이 생각이 현실에서 커다란 작용을 합니다. 우선 사람을 어떻게 보고 생각하느냐가 현실에서 어떻게 작용하는지 저의 일방적인 견해를 밝혀보겠습니다.

어떤 사람이 스님께 여쭙니다.
"부처가 뭡니까?"
"내가 알려주어도 너는 믿지 않을 것이다."
"어찌 스님 말씀을 믿지 않을 수 있겠습니까?"

"네가 부처다!"
여러분은 이 말씀을 믿을 수 있겠습니까? 믿는다면 불법을 제대로 아는 것입니다.

한국 불교라 할 수 있는 원불교에서도 처처불상(處處佛像) 사사불공(事事佛供)이라 하여, 한 사람 한 사람이 모두 부처라고 하였습니다.
한국 종교인 천도교에서도 인내천(人乃天)이라 하여, 사람이 곧 하늘이라 했습니다.

그러나 기독교를 신봉하는 사람에게 "네가 하나님이다."라고 하면 큰 봉변을 당할 것입니다. 사람은 하나님의 피조물이라고 생각하는 것이 다수일 것입니다.
제 생각입니다만, 이렇게 기독교를 신봉하는 서양 사람들이 아프리카 사람들을 붙잡아다가 물건과 같이 팔고, 노예로 부려먹은 역사가 있는 것은, 하나님의 뜻이라면 피조물에 불과한 사람도 다른 물건과 마찬가지로 사고팔 수 있으며, 노예로 부려먹을 수 있다는 생각 때문이었을 것이라고 봅니다.
사람을 부처님이나 하나님이라고 보는 견해를 가진 사람이 어떻게 다른 사람을 물건과 같이 사고팔며, 노예로 부릴 수 있겠습니까?

이런 점 때문에 제가 석가모니의 가르침을 더 관심 있게 알리고 노력했던 것 같습니다. '내가 하나님이다', '내가 하나님이 아니다.'라고 생각할 수 있는 자유를 더 좋아했던 것입니다.
저는 이 세상 만물만상이 모두 하나님의 피조물이라는 생각에 구속될 필요는 없다고 봅니다. 이 세상 만물만상이 하나님의 피조물이 아니라는 생각도 할 수 있지 않을까요? 또한 이 세상 만물만상이 진리의 나타남이라는 생각도 할 수 있지 않을까요?

이 「금강경」의 가르침은 그런저런 생각은 실재하지 않은 도깨비 같은 헛것[환(幻)]이라는 것입니다. 그런 생각에 구속되어 시시비비하면서 행복하다거나 불행하다고 울부짖지 말라는 것입니다.

제가 알기에는 성경에도 같은 취지의 가르침이 있는데, 선악과(善惡果)를 따 먹으면 타락한다거나 선악과를 따 먹어서 에덴동산에서 쫓겨났다는 것입니다. 좋다, 나쁘다를 가리지만 않는다면 에덴동산에서 살 수 있다는 메시지 아닐까요?

3조 승찬대사는 「신심명」의 머리글에 "지도무난(至道無難)이니, 유혐간택(唯嫌揀擇)이라." 했습니다. 도에 이르는 것은 어렵지 않으니, 간택만 하지 않으면 된다는 뜻입니다.

선(善)이다, 악(惡)이다 하는 것도 각자의 자기 생각에 불과한 것이 아닐까요?

그리고 언제나 깨달았다고 하는 사람들이 다른 사람, 즉 중생이라고 하는 사람들을 제도하겠다고 나서는 사람들이 많은데, '나'가 없음이나 아무것도 없음을 철저히 깨달은 사람에게는 다른 사람, 즉 제도할 중생이 있다는 생각을 할 수가 없습니다.

'있는 그대로', 그 사람들은 진리의 나타남으로 봐야 합니다.

그래서 실무중생(實無衆生) 득멸도자(得滅度者), 즉 제도해야 하거나 제도할 중생이 하나도 없다고 생각해야 한다고 강조하는 것입니다.

그리고 이 경의 뒷부분에 "중생이 중생이 아니고 이름만 중생"이라고 하는 대목도 나옵니다. 명심할 부분입니다.

나도 없지만 다른 사람도 없습니다. 보아도 본적이 없어야 합니다. 흔적이 없어야 합니다. 이를 무위(無爲)라고 합니다.

'나'나 '다른 사람'도 모두 무위, 아무것도 없는 것 같은 진리의 나타남이라고 보아야 합니다.

이 세상에 있는 것 같이 보이는 모든 것들은 앞으로 흔적도 없이 사라져 버릴 것들입니다.

하지만 나지도 않고 죽지도 않는[불생불멸(不生不滅)] 진리는 항상 존재합니다.

우리의 몸은 나이가 들어 늙고 죽지만, 우리의 보는 것은 나이도 먹지 않고 늙지도 않고 죽지도 않는다는 「능엄경」의 가르침이 있습니다.

第四　妙行無住分 묘행무주분
― 무엇에도 머무르지 않으니 묘한 행이더라

> 한글 금강경

"수보리야! 보살은 마땅히 그 어떤 것에도 집착하는 바 없이 보시를 행해야 한다.

그것이 바로 형색에 머물지 않는 보시이며 소리, 냄새, 맛, 느낌, 그리고 생각·감정에 집착하지 않는 보시이니라.

수보리야! 보살은 반드시 이와 같이 보시하여 상에 집착하지 않아야 한다.

왜냐하면 보살이 상에 머물지 않고 집착 없이 보시한다면 그 복덕이 가히 생각으로 헤아릴 수 없기 때문이다.

수보리야! 어떻게 생각하느냐? 저 동쪽의 허공을 가히 헤아릴 수 있겠느냐?"

"헤아릴 수 없습니다. 세존이시여!"

"수보리야! 남서북방과 그 간방(間方)과 상하의 허공을 헤아릴 수 있겠느냐?"

"헤아릴 수 없습니다. 세존이시여!"

"수보리야! 그와 같이 보살이 상에 집착하지 않고 행하는 보시의 복덕도 이처럼 가히 생각으로 헤아릴 수 없는 것이다.

수보리야! 보살은 오직 이 가르침대로 머물러야 하느니라."

> 한문 금강경

復次부차 須菩提수보리 菩薩於法보살어법 應無所住응무소주 行於布施행어

보시

所謂소위 不住色布施부주색보시 不主聲香味觸法布施부주성향미촉법보시
須菩提수보리 菩薩보살 應如是布施응여시보시 不住於相부주어상
何以故하이고 若菩薩약보살 不住相布施부주상보시 其福德기복덕 不可思量불가사량
須菩提수보리 於意云何어의운하 東方虛空동방허공 可思量不? 가사량부?
不也世尊불야세존
須菩提수보리 南西北方남서북방 四維上下虛空사유상하허공 可思量不? 가사량부?
不也世尊불야세존
須菩提수보리 菩薩보살 無住相布施福德무주상보시복덕 亦復如是역부여시
不可思量불가사량
須菩提수보리 菩薩보살 但應如所敎住단응여소교주

> 저자의 견처

　수보리의 "어떻게 살아야 합니까?"라는 질문에 대한 붓다의 가르침입니다.
　삶은 행을 통해서 살아갑니다. 그 행은 어떤 이미지[상(相)]에도 머무르지 말고 행하라는 것이 붓다의 가르침입니다.
　즉, 생각 없이 하라는 것입니다. 그냥 하라는 것입니다. 내가 무엇을 한다는 생각 없이 하라는 것입니다.
　무위(無爲), 즉 '함이 없이' 하라는 것입니다.

　색성향미촉법(色聲香味觸法), 즉 모습, 소리, 향기, 맛, 촉감, 법, 즉 생각, 감정, 기억 등 대상에 머무름이 없이 그냥 살라는 것입니다.

대상은 실은 없는 것들이기 때문입니다. 대상은 고정 불변한 존재가 아니고 늘 변하는 것들이기 때문입니다.

모든 것은 지나간다는 것을 알고 살라는 것입니다. 이미 지나간 것에 집착하지 말라는 것입니다. 오지도 않은 것들에 걱정이나 근심을 갖지 말라는 것입니다.

나라는 주체, 즉 개별의식도 없는 것인데, 무엇을 집착하고 두려워하느냐는 말입니다.

양무제가 자신이 수많은 절을 짓고, 수많은 스님들을 공부하게 한 공덕이 얼마나 큰지 묻자, 달마스님은 무공덕(無功德)이라고 답합니다.

다시 무공덕이라고 답하는 자는 누구냐고 묻자, 달마대사는 불식(不識), 즉 알지 못한다고 답합니다.

소크라테스도 "너 자신을 알라."고 했는데, 그러면 당신은 자신을 아느냐고 되묻는 질문에, "나는 모른다는 것을 안다."고 답합니다.

나는, 진리는, 하나님은, 붓다는 '모르는 존재'입니다.

아는 것은 가짜입니다.

빅뱅이라는 이론을 잘 모르지만, 나와 너, 세계의 구분이 없던 하나, 소위 절대가 자기를 나타내기 위해 상대를 만들어서 너와 나 그리고 세계로 나타났다는 뜻 같습니다.

그러니까 이 세상, 우주는 우리 인간이 보기에는 모두 악과 선, 좋은 것들과 나쁜 것들로 구성된 상대성으로 되어 있는 것 같지만 사실은 본래 하나, 즉 같은 것들이고, 그 움직임은 절대 하나가 하는 것이므로, 상대는 실은 자기가 하는 것으로 착각할 뿐 스스로 어떤 행동도 할 수 없는 것입니다. 다만 상대성, 자기가 행동을 한다고 착각하는 것뿐입니다.

지구는 우주에 의해서 조화롭게 때에 맞추어서 움직이고 있을 뿐인데, 지구라는 의식이 자기가 자전하고 공전한다고 착각하고 있다는 것입니다. 우주의 조화에 맞추어 절대의 움직임에 따르면 되는 것이므로, 우리 각자는 실은 스스로 아무 행동도 하지 않고 있는데, 자기가 하고 있다고 착각할 뿐이라는 것입니다.

깊은 잠을 자다가 자기가 깨고 싶어서 깨는 사람이 있습니까? 이 세상에 자기가 태어나고 싶어서 태어난 사람이 있습니까? 꿈속의 자기를 자기가 어떻게 할 수 없는 것을 경험해 보지 않았습니까?

그러므로 우리 각자는 할일이 없는 사람입니다. 그래서 무위자연이라고 합니다. 스스로는 아무 행동도 못합니다. 우주가 알아서 합니다. 우주에게 알아서 하라고 믿고 맡기고 살면 됩니다.

깨달음이라는 것도 자기가 하다하다 아무것도 할 수 없어서 자기가 함을 포기할 때, 통 밑이 쑥 빠져버리는 경험을 할 때 나타나는 일시적인 현상입니다.

생각도 헛것인 자기 생각 말고, 우주가 때에 맞추어서 생각 아닌 생각을 만들어 내게 하는 것이 진짜 생각입니다.

우주 하나가 만든 생각 아닌 생각에 따라서 제3 대승정종분의 존재하는 모든 중생의 종류, 즉 알에서 태어나는 것이나, 태에서 생겨나는 것이나, 습기로 생겨나는 것이나, 변화하여 생기는 것이나, 형태가 있는 것이나 없는 것이나, 생각이 있는 것이나 없는 것이나, 생각이 있는 것도 아니고 없는 것도 아닌 것들의 수많은 '9류 중생'이 만들어지는 것입니다.

第五 如理實見分여리실견분

― 상이 상이 아님을 보면 여래를 본다

한글 금강경

"수보리야! 어떻게 생각하느냐? 몸의 형상으로 여래를 볼 수 있느냐?"

"볼 수 없습니다. 세존이시여! 몸의 형상으로는 여래를 볼 수 없습니다. 왜냐하면 여래께서 말씀하신 몸의 형상은 곧 몸의 형상이 아니기 때문입니다."

부처님께서 수보리에게 말씀하셨다.

"무릇 상이 있는 것은 모두 허망한 것이니 모든 상이 상이 아님을 본다면 곧 여래를 보리라."

한문 금강경

須菩提수보리 於意云何어의운하 可以身相가이신상 見如來不?견여래부?
不也世尊불야세존 不可以불가이 身相得見如來신상득견여래 何以故하이고 如來所說여래소설 身相卽非身相신상즉비신상
佛告불고 須菩提수보리
凡所有相범소유상 皆是虛妄개시허망 若見諸相非相약견제상비상 卽見如來즉견여래

저자의 견처

몸의 형상으로 여래, 즉 부처라는 진리를 볼 수 있느냐는 물음에 몸의 형상으로는 부처님을 볼 수 없다고 대답하고 있습니

다.

　몸은 항상 변하다가 죽어버리는 허망한 것입니다. 그런데 어떻게 몸의 형상을 부처님, 하나님이라고 볼 수 있겠습니까? 그런데 아직도 석가모니의 형상을 모십니다.
　우리나라의 원불교에서 부처님의 형상을 모시지 않고 소위 '일원상'을 모시는 것은, 세계 최초로 기존의 잘못된 불교를 제대로 된 불교로 개혁한 것이라고 봅니다.

　물론 의식 수준이 낮은 사람들에게 신심을 불러일으키게 하기 위한 방편으로 석가모니의 형상을 부처님이라고 믿게 하는 것이나 몸의 형상도 진리가 자기를 나타내기 위하여 만든 것임을 통찰하는 사람에게는 형상, 즉 석가모니의 형상도 진리이기는 하지만 말입니다.
　그러니 모든 형상이 형상이 아님을 알면, 즉 형상도 단순한 형상이 아니라, 진리의 나타남임을 알면 여래, 즉 진리를 즉시 볼 수 있다는 가르침도 함께 설하였습니다.
　"약견제상비상(若見諸相非相)이면 즉견여래(卽見如來)하리라."

　즉 타인을 보되, 몸만 보지 말고 '저 사람도 진리의 나타남이구나.'하고 보라는 말입니다. 물론 절대성, 진리의 입장에서는 나와 너의 구분이 없지만 말입니다.

　"하나님을 믿으라."고 합니다. 그러나 "하나님을 믿는 자가 누구인가?" 하고 물어야 합니다. 하나님을 믿는 자가 절대 무아임을 알고 믿어야 합니다.
　"내가 하나님을 믿는다."고 하면, 자기가 생각하는 하나님을 믿는 것 아니겠습니까?

또 하나님은 형상이 없는 절대 존재이지만, 하나님이 자기를 우주로 나타냈으므로, 우주 전체가 통째로 하나님임을 알고 믿어야 진정한 믿음일 것입니다.

부처님에 대한 믿음도 마찬가지입니다. 그래서 원불교에서 처처불상(處處佛像)이니 사사불공(事事佛供)하라, 즉 "도처에 부처님이니, 하는 일마다 부처님께 공양 올리듯이 행하라."는 가르침이 생긴 것이라고 알고 있습니다.

불공드리러 가는 며느리에게 "당신에게 화도 주고 복도 줄 수 있는 능력을 지닌 시어머니, 즉 산 부처를 놔두고 왜 죽은 부처에게 불공을 드리러 가느냐."는 소태산 대종사님의 가르침은 깊이 생각해 보아야 할 부분입니다.

어떻든 몸을 자기로 아는 믿음은 어리석은 일입니다. 허망한 몸의 생(生)에 대하여 집착하거나, 몸의 죽음에 대하여 두려워하는 사람은 저급한 인간입니다.

일국의 대통령까지 지낸 사람이 자기 몸의 죽음이 두려워서 그 많은 예산을 써서 경호동을 짓고, 자신을 경호하게 하는 것은 참으로 한심하다고 봅니다.

공직자는 물론이고 우리 모두가 무아봉공(無我奉公), 즉 자기를 위하여 사는 것이 아닌 공중을 위하는 자세로 살아야 합니다.

인명은 재천(在天)이라고 합니다. 이 몸의 죽음도 우주가, 진리가 하는 일이라는 믿음을 확고히 가져야 합니다.

第六 正信希有分정신희유분
— 바른 믿음은 참으로 희유하다

> 한글 금강경

수보리가 부처님께 말씀드렸다.

"세존이시여! 가진 모든 상이 다 허망한 것이며, 모든 상이 상이 아님을 알면 여래를 볼 것이라는 말씀을 듣고, 어떤 중생들이 바른 믿음을 낼 수 있겠습니까?"

부처님께서 수보리에게 이르시되,

"그런 말 하지 마라. 여래가 멸한 후 500년이 지난 뒤에라도 순수한 자들이 있어서 이 글귀를 보고 능히 믿는 마음을 내어 진실된 뜻을 이해하고 깨닫는 사람이 있을 것이다.

바로 알아야 한다. 이런 순수한 사람들은 한 부처님, 두 부처님, 서너, 다섯 부처님께만 선근을 심은 것이 아니라 이미 한량없는 천만 부처님께 선근을 심었으므로 이 글귀를 듣는 즉시 가슴으로 받아들이게 될 것이다.

수보리야! 여래는 전체를 꿰뚫어 보기 때문에 모든 중생이 이와 같은 한량 없는 복덕을 얻게 됨을 알 수 있다.

왜냐하면 이 모든 중생에게는 다시는 아상, 인상, 중생상, 수자상이 없으며 법이라는 상도 없고 법이 아니라는 상도 없기 때문이다.

왜냐하면 만약 이 모든 중생들이 마음에 어떤 상을 가지면 곧 바로 아상, 인상, 중생상, 수자상에 집착하는 것이 된다.

법이라는 상에 머무는 것도 아상, 인상, 중생상, 수자상에 집착하는 것이 된다.

왜냐하면 법이 아니라는 상에 머무는 것도 마찬가지로 아상, 인상, 중생상, 수자상에 집착하는 것이기 때문이다.

그러므로 마땅히 법에 머물지도 말고 법이 아님에 머물지도 말라."

이런 까닭으로 여래는 항상 말하였다.

"제자들이여! 나의 설법이 뗏목의 비유와 같음을 안다면 법조차 버려야 하거늘 하물며 법 아닌 것에 있어서야 말해 무엇 하겠느냐?"

한문 금강경

須菩提수보리 白佛言백불언
世尊세존 頗有衆生파유중생 得聞如是言說章句득문여시언설장구 生實信不? 생실신부?
佛告불고 須菩提수보리
莫作是說막작시설 如來滅後여래멸후 後五百歲후오백세 有持戒修福者유지계수복자 於此章句어차장구 能生信心능생신심 以此爲實이차위실
當知是人당지시인 不於一佛二佛三四五佛불어일불이불삼사오불 而種善根이종선근 已於無量千萬佛所이어무량천만불소 種諸善根종제선근 聞是章句乃至문시장구내지 一念生일념생 淨信者정신자
須菩提수보리 如來여래 悉知悉見실지실견 是諸衆生시제중생 得如是無量福德득여시무량복덕
何以故하이고 是諸衆生시제중생 無復我相무부아상 人相인상 衆生相중생상 壽者相수자상 無法相무법상 亦無非法相역무비법상
何以故하이고 是諸衆生시제중생 若心取相약심취상 卽爲즉위 着我人衆生壽者착아인중생수자

若取法相약취법상 卽着我人衆生壽者즉착아인중생수자
何以故하이고 若取非法相약취비법상 卽着我人衆生壽者즉착아인중생수자
是故시고 不應取法불응취법 不應取非法불응취비법
以是義故이시의고 如來常說여래상설
汝等比丘여등비구 知我說法지아설법 如筏喩者여벌유자 法尙應捨법상응사 何況非法하황비법

저자의 견처

수보리가 붓다께 "범소유상(凡所有相) 개시허망(皆是虛妄), 약견제상(若見諸相) 비상(非相) 즉견여래(卽見如來)라는 장구(章句)를 듣고 진실한 믿음을 내는 중생이 있겠습니까?"라고 묻습니다.

이 글귀를 보고 믿는 마음을 내어 진실한 뜻을 이해하고 깨어나는 사람이 있을 것이라고 붓다가 보증합니다.

또 이 글귀를 보고, 모든 선근[믿음의 뿌리]을 심은 자라면, 이런 글귀나 일념(一念, 한 생각)에라도 능히 정신(淨信, 깨끗하고 바른 믿음)을 내는 자[어린이와 같이 순수한 자]일 것이라고 말합니다.

'아아! 그렇구나!'

'나'라는 생각이나 또 다른 서운하다, 괴롭다, 슬프다, 억울하다, 괘씸하다 등등의 생각, 기억, 감정이나 내가 마음에 가진 모든 이미지는 허망한 것이지 실제로 있는 것이 아니라고 믿으라는 것입니다.

몸을 자기로 아는 생각이나 마음으로 갖는 모든 이미지가 허망한 것이고, 그 이미지가 있는 것 같지만 실제로는 없는 것이

라는 붓다의 말씀은 보통 중생은 받아들이고 믿기 어렵다는 사실을 수보리도 알고 있다는 말입니다.
지금 이 글을 읽는 분들께서는 자기 몸이 허망한 것이고 실제로는 없다는 것을 믿을 수 있겠습니까?

몸뚱이를 자기로 아는, 즉 몸과 자기를 동일시하기 때문에 몸을 위해 좋은 것은 무조건 좋다고 하고, 몸을 위한 의식주(衣食住) 문제를 해결하기 위해 돈이라면 환장을 하는 것이 우리 인간 아니던가요?
오래 살고 부귀영화를 누리면서 편안하게 살면 최고라고 생각하지 않나요? 그러다가 몸이 죽으면 그때서야 인생은 허망한 것이라고 울고불고 하지 않나요?
그런데 진짜 자기는 태어나지도 않고 죽지도 않는 '전체의 나[참나]'로 있다면 믿겠습니까?

세계를 정복한 알렉산더 대왕이 "세상의 모든 명예를 다 누리게 해 줄 것이니, 나를 따르고 나의 스승이 되어 달라."고 하자 "나에게 비치는 해를 가리지 않게 비켜 달라."고 한 디오게네스의 삶을 생각해 봅니다.

「능엄경」에 갠지스 강을 보는 것[식(識)]은 늙지 않는다는 것을 믿겠습니까? 소리가 없어도, 듣는 성품[문성(聞性)]은 존재한다는 가르침을 믿겠습니까? 보이는 대상이 없어도 보는 것[견성(見性)]은 그대로 존재함을 믿겠습니까?

깊은 잠을 자면 몸도 없고 대상이나 세계도 없는데, 내가 있다는 존재감은 사라지지 않고 항상 그대로 있다가 나라는 존재감이 현실로 다시 깨어남을 경험하지 않나요?

　죽어서 몸이 썩어 없어져도 나라는 존재감은 그대로 있다가 잠이 깨듯이, 다시 다른 몸을 받아 살아날 수 있음을 믿겠습니까?

　이 나라는 존재감, 분별되지 않는 절대, 자기를 모르는 것이 자기를 알고자 자기를 나타내기 위하여 몸이라는 형상도 만들고 의식을 주어서 나라는 생각을 가지는 개별적인 수많은 개체로 이 세상에 시현(示現)됨을 믿겠습니까?

　그러니까 이 세상 만물만상이 이 전체, 나라는 존재감의 시현이니 모두가 같은 전체의식이고, 나라는 생각, 즉 개별의식은 사실 자기 몸만을 자기로 아는 자기의 생각일 뿐, 실재하는 것이 아님을 아시겠습니까?

　여래(如來), 즉 진리는 실지실견(悉知悉見)합니다. 진리는 모든 것, 전체를 다 알고 다 본다는 것입니다.
　하늘이 그 안에서 일어나는 일을 다 알고 다 보지 않겠습니까? 꿈을 꾸는 자는 꿈속의 일을 다 알고 다 보지 않습니까?

　그러니 여러분이 하는 모든 생각이나 행동을 하늘이 다 알고 본다는 사실을 철저히 깨달아 늘 생각하고 행동해야 합니다.
　그래서 진리가 그 사람의 생각이나 행동에 따른 합당한 복덕을 그 사람에게 준다는 것입니다. 시제중생(是諸衆生) 여시무량복덕(如是無量福德)입니다. 지금 당신은 그러한 합당한 복을 받고 있는 것입니다.

그래서 제대로 아는 현자들은 만법유식(萬法唯識)이라고 합니다. 이 의식이 모든 것으로 화하는 '하나의 님'입니다. 이 식(識)이 있어서 생각도 하고 행동도 합니다.

이 의식(意識)을 우리의 생각으로는 알지 못합니다. 그래서 이 의식 이전의 전체의 나. 나라는 존재감은 사실 말로는 그 진실을 표현할 수 없습니다.

그래서 진실의 물음에 답하려면 침묵합니다. 나라는 생각과 모든 생각이 고요해져야 진실이 나타납니다.

물론 억지로 고요하게 해서 고요한 게 아니고 본래 고요한 것입니다.

그래서 붓다의 이런 언설장구[말씀]도 진실을 나타낸 것이 아니니, 강을 건너는 뗏목으로 알고 강을 건넜으면 버리라고 말씀하시는 것입니다.

저의 이런 말들도 진실이 무엇이라고 나타낸 말이 아닙니다. 저의 이런 말을 통해 진리에 깨어났으면 바로 버려야 합니다.

진리를 공부한다는 사람들이 스승이라는 분들의 이런 말이나 이런 생각이 진리라고 억지를 부리면서 붙잡고, 그와 다른 말이나 다른 생각은 사탄으로 알고 배척하는 것을 보면 한심하다는 생각이 듭니다.

第七　無得無説分 무득무설분
— 얻을 깨달음도 없고 설함도 없다

한글 금강경

"수보리야! 어찌 생각하느냐? 여래가 아뇩다라삼먁삼보리를 얻었느냐? 또한 여래가 가르친 진리라는 것이 있느냐?"

이에 수보리가 부처님께 아뢰었다.

"제가 부처님의 가르침을 이해하기로는 아뇩다라삼먁삼보리라고 이름할 어떤 정해진 법이 있는 것이 아니며, 또한 여래께서 말씀할 어떤 정해진 법이 있는 것도 아닙니다.

왜냐하면 여래께서 설하시는 법은 모두 듣고 취할 수도 없고, 말로 표현할 수도 없고, 법도 아니며, 법 아닌 것도 아니기 때문입니다.

그 까닭은 일체의 성현들은 모두 '함이 없는 법'으로써 다름이 있기 때문입니다."

한문 금강경

須菩提수보리 於意云何어의운하 如來여래 得阿耨多羅三藐三菩提耶득아뇩다라삼먁삼보리야 如來여래 有所説法耶유소설법야
須菩提言수보리언
如我解佛所説義여아해불소설의 無有定法무유정법 名阿耨多羅三藐三菩提명아뇩다라삼먁삼보리 亦無有定法역무유정법 如來可説여래가설
何以故하이고 如來所説法여래소설법 皆不可取개불가취 不可説불가설 非法비

법 非非法비비법
所以者何소이자하 一切賢聖일체현성 皆以無爲法개이무위법 而有差別이유차별

> **저자의 견처**

붓다께서 깨달음을 얻은 바도 없고 말씀한 진리도 없다고 하십니다. 깨달음이라는 것은 없다는 것이고, 진리는 말씀으로 설명할 수 없다는 것입니다.

깨달음을 얻으려고 하면 깨달음을 얻을 수 없습니다. 깨달음이라는 것은 지금 있는 현실 그대로가 진리의 나타남임을 완전히 인식하는 것입니다. 현실이 원만구족하다는 사실을 완벽히 믿는 것입니다.

우주가 어찌 잘못하겠습니까?
깨닫겠다는 것은 지금 현실이 잘못되었으니, 이 현실을 바로잡겠다고 노력하는 것입니다. 깨달음이라는 것은 노력으로 얻을 수 있는 것이 아닙니다.

다만 견처(見處)만 바르면 깨달음입니다. 견처라는 것은 이 몸과 마음이 나가 아니고 나는 본래 아무것도 없다는 진리를 아는 것입니다.

아무것도 없는데 어떻게 진리를 얻을 것이며, 아무것도 없는데 어떻게 말로 표현하겠습니까? 그런데 아무것도 없다는 말도 아무것도 없는 것이 모든 것을 다하기 때문에 그것도 맞는 말이 아닙니다.

지금 이렇게 잘하고 있지 않습니까? 진리는 무위(無爲), 즉 아무것도 하지 않으면서 모든 것을 다 잘합니다. 아무것도 없으면서 그 한계가 없으므로 모든 것을 다 합니다.

우리 인간이 볼 때, 좋은 것도 진리가 하는 일이고, 나쁜 것도 진리가 하는 일입니다. 사는 것도 죽는 것도 진리가 하는 일입니다. 잠을 자는 것도 꿈을 꾸는 것도 이렇게 사는 것도 진리가 하는 일입니다. 잠을 자다가 일어나는 것도 내가 하는 것이 아니고, 진리가 하는 것입니다.

모든 일은 내가 하는 일이 아닙니다. 나는 아무것도 하는 일이 없습니다.

내가 하는 것처럼 착각하고 있을 뿐입니다.

그러니 얻을 것도 없고 말할 것이 없다는 것입니다. 이것을 어찌 법이라 할 것이며, 법이 아니라 할 수 있겠습니까?

第八 依法出生分의법출생분
— 붓다와 그 깨달음 법이 이 경으로부터 나온다

한글 금강경

"수보리야! 어찌 생각하느냐? 만약 어떤 사람이 삼천대천세계에 가득찬 칠보로 보시를 행한다면 이 사람이 받을 복덕이 얼마나 많겠느냐?"

수보리가 부처님께 말씀드렸다. "매우 많습니다. 세존이시여!

왜냐하면 여래께서 말씀하시는 이 복덕은 곧 복덕의 본래 성질을 지니지 않았기 때문입니다. 그렇기 때문에 여래께서는 복덕이 많다고 말씀하신 것입니다."

"만약 어떤 사람이 이 경을 받아 지녀서 다른 사람에게 사구게 중에 하나라도 설해 준다면 이 사람의 공덕은 삼천대천세계에 가득찬 칠보를 보시한 사람보다 더 큰 것이다.

왜냐하면 모든 부처님과 모든 부처님의 아뇩다라삼먁삼보리의 법이 이 경에서 나오기 때문이다.

수보리야! 이른바 불법이라고 하는 것은 불법이 아니다."

한문 금강경

須菩提수보리 於意云何어의운하 若人滿三千大千世界약인만삼천대천세계 七寶以用布施칠보이용보시 是人所得福德시인소득복덕 寧爲多不?영위다부?
須菩提言수보리언 甚多世尊심다세존
何以故하이고 是福德시복덕 卽非福德性즉비복덕성 是故시고 如來說여래설

福德多복덕다
若復有人약부유인 於此經中受持乃至어차경중수지내지 四句偈等사구게등 爲
他人說위타인설 其福勝彼기복승피
何以故하이고 須菩提수보리 一切諸佛及일체제불급 諸佛阿耨多羅三藐三
菩提法제불아뇩다라삼먁삼보리법 皆從此經出개종차경출
須菩提수보리 所謂佛法者소위불법자 卽非佛法즉비불법

> ### 저자의 견처

내가 이렇게 해야 한다고 정해진 법은 없습니다. 나는 대상과 분리된 개별적인 '나'가 없고, 모두가 법뿐인데, 따로 법이라는 것이 있겠습니까?

그런데 어떤 분들은 "여법하게 하자."고 주장합니다. 법은 자기 생각이라고 했습니다. 나라는 것이 아무것도 없는데, 어떤 정해진 법이 있다는 것입니까? 자기 생각일 뿐입니다.

그래서 이것이 불법이라고 생각하고 말하면, 불법이 아니라고 하는 것입니다.

그러나 진정으로 알고 보면 모든 것이, 이 법이, 진리가 자기를 나타낸 것입니다. 모든 것이 이 법에서 나온 것입니다.

인간이 '좋다, 나쁘다', '복이다, 화다'라고 나누어 가리지만 않으면 모든 것은 진리이고 좋은 것입니다.

그러니 각자가 주어진 현실이라는 이곳에서 "좋다!", "좋다!" 하면서 살아야 합니다. 지금 진리가 이렇게 잘 작동하고 있습니다.

죽음도 진리, 병도 진리, 마음이 불안한 것도 진리라는 말입니다. 그런데도 이건 진리가 아니라고 하면서, 다투면 그것이

고통입니다.

　2조 혜가스님께서 달마대사에게 "마음이 불안하니 이것을 고쳐주십시오."라고 했습니다. 달마대사가 "불안한 마음을 내어놓아 보아라." 하자 혜가스님이 자기 마음에서 불안한 마음을 찾았지만 아무리 찾아도 찾을 수가 없었습니다.
　이에 혜가스님께서 "불안한 마음을 찾을 수가 없습니다."라고 하자, 달마대사께서 "내가 너의 불안한 마음을 치유해 주었노라."라고 했습니다.
　여기서 혜가스님께서 깨달았습니다. '불안한 마음, 고통스런 마음이 본래 없는 것이구나.'

　여러분의 아픈 마음, 억울한 마음, 슬픈 마음, 괘씸한 마음을 내어놓아 보십시오. 모두가 실재하는 것들이 아닙니다. 그러니 이런 마음을 없애려고 자기가 따로 할 일이 없습니다.
　이런 마음, 이런 현실을 없애려고 애쓰는 것은 헛일입니다. 그냥 놔두면, 지나가면 스스로 사라집니다. 이런 마음, 이러한 현실과 다투면 당신은 집니다.

　「대혜서장」을 보면, 어떤 사람이 "아무리 해도 이 마음의 괴로움을 없앨 수가 없습니다."라고 호소합니다. 그러자 대혜스님은 "그 괴로움을 피하려고 하지 말고 그 괴로움 속으로 깊이 들어가라."고 하셨습니다.
　괴로운 마음을 피하려고 하면, 그 괴로움은 계속 따라오지만, 오히려 그 괴로움 속으로 깊이 들어가 보면, 그 괴로운 마음이 스스로 사라질 것입니다.

왜냐하면 이 세상은 상대성으로 되어 있기 때문입니다.

잠을 자려고 애쓰면 잠이 더욱 오지 않습니다. 잠을 자지 않으려고 애쓰면 잠이 쏟아질 것입니다.

그러니까 너무 잘 살려고 애쓰면 잘 살지 못합니다. 잘 살지 못함 속으로 깊이 들어가면, 잘 살게 되는 길을 발견할 수가 있습니다.

즉, 상대성은 항상 모순입니다. 좋은 것이 있으면, 나쁜 것도 항상 함께 있습니다.

그러니 세상 모든 일에 일희일비(一喜一悲)하지 마세요. 담담하게 살아가세요.

第九 一相無相分 일상무상분

— 어떠한 상도 가질 수 없다

> **한글 금강경**

"수보리야! 어찌 생각하느냐? 수다원은 자신이 수다원의 경지를 얻었다는 생각을 할 수 있겠느냐?"

수보리가 부처님께 아뢰었다. "그렇지 않습니다. 세존이시여! 왜냐하면 수다원은 미혹을 끊고 진리의 흐름에 들어간 사람의 뜻이지만 그는 어디에도 들어간 바가 없습니다.

형상에도 소리에도 냄새에도 맛에도 느낌에도 생각·감정에도 들어간 바가 없기 때문에 수다원이라고 부르는 것입니다"

"수보리야! 어찌 생각하느냐? 사다함은 자신이 사다함의 경지를 얻었다는 생각을 할 수 있겠느냐?"

"그렇지 않습니다, 세존이시여!

왜냐하면 사다함은 갔다가 되돌아와 다시 한 번만 태어나면 깨달음을 얻을 사람이란 뜻이지만 사실은 갔다가 되돌아옴이란 없기 때문에 사다함이라고 부르는 것입니다."

"수보리야! 어찌 생각하느냐? 아나함은 자신이 아나함의 경지를 얻었다는 생각을 할 수 있겠느냐?"

"그렇지 않습니다. 세존이시여!

왜냐하면 아나함은 이제 다시 오지 않을 사람이라는 뜻이지만 실제로 다시 오지 않음이란 없기 때문에 아나함이라고 부르는 것입니다."

"수보리야! 어찌 생각하느냐? 아라한은 능히 자신이 아라한의 경지를 얻었다는 생각을 할 수 있겠느냐?"

"그렇지 않습니다. 세존이시여!

왜냐하면 실제로 아라한이라고 부를 수 있는 어떤 실체도 없기 때문입니다. 세존이시여, 만약 아라한이 '나는 아라한의 경지를 얻었다.'고 생각하면 그는 아상, 인상, 중생상, 수자상에 집착하는 것입니다."

"세존이시여! 부처님께서는 제가 다툼이 없는 고요한 무쟁삼매(無諍三昧)를 얻은 사람 중에 최고이며, 욕심을 떠난 제일의 아라한이라고 말씀하십니다.

그러나 저는 욕심을 떠난 아라한이라는 생각을 내지 않습니다.

세존이시여! 제가 만약 '나는 아라한의 경지를 얻었다.'는 생각을 했다면, 세존께서는 수보리야말로 욕심을 떠난, 다툼 없는, 고요한 아란나행(阿蘭那行)을 즐기는 사람이라고 말씀하지 않으셨을 것입니다.

수보리는 실제로는 행하는 바가 없기 때문에 수보리는 아란나행(阿蘭那行)을 즐기는 사람이라고 이르신 것입니다."

한문 금강경

須菩提수보리 於意云何어의운하 須陀洹수다원 能作是念능작시념 我得須陀洹果不?아득수다원과부?
須菩提言수보리언 不也世尊불야세존 何以故하이고 須陀洹수다원 名爲入流명위입류 而無所入이무소입
不入色聲香味觸法불입색성향미촉법 是名須陀洹시명수다원
須菩提수보리 於意云何어의운하 斯陀含사다함 能作是念능작시념 我得斯陀含果不?아득사다함과부?

須菩提言수보리언 不也世尊불야세존 何以故하이고 斯陀含사다함 名一往來명일왕래 而實無往來이실무왕래 是名斯陀含시명사다함

須菩提수보리 於意云何어의운하 阿那含아나함 能作是念능작시념 我得阿那含果不?아득아나함과부?

須菩提言수보리언 不也世尊불야세존 何以故하이고 阿那含아나함 名爲不來명위불래 而實無不來이실무불래 是故시고 名阿那含명아나함

須菩提수보리 於意云何어의운하 阿羅漢아라한 能作是念능작시념 我得阿羅漢道不?아득아라한도부?

須菩提言수보리언 不也世尊불야세존

何以故하이고 實無有法실무유법 名阿羅漢명아라한 世尊세존 若阿羅漢作是念약아라한작시념 我得阿羅漢道아득아라한도 卽爲着我人衆生壽者즉위착아인중생수자

世尊佛說세존불설 我得無諍三昧人中아득무쟁삼매인중 最爲第一是최위제일시 第一離欲阿羅漢제일이욕아라한

世尊세존 我不作是念아부작시념 我是離欲阿羅漢아시이욕아라한 世尊세존 我若作是念아약작시념 我得阿羅漢道아득아라한도 世尊세존 卽不說즉불설 須菩提수보리 是樂阿蘭那行者시요아란나행자 以須菩提實無所行이수보리실무소행 而名須菩提이명수보리 是樂阿蘭那行시요아란나행

저자의 견처

이미지, 즉 상이라는 것은 생각과 기억에 의해서 만들어지는 것인데, 그 이미지 즉 상들은 실재는 본래 없는 것이라는 말입니다.

내가 본래 없는데, 이 가짜 나에서 일어나는 생각과 기억이 실재하는 것일 수가 없는 것입니다.

그러니까 수행자의 단계인 수다원, 사다함, 아나함, 아라한의 단계는 생각일 뿐, 없는 것입니다. 인간의 분별에 의하여 나타나는 현상이라는 말입니다.

그러나 최초로 성인의 경지에 들어가는 수다원은 입류(入流), 즉 흐름에 들어간 것을 의미하는데, 실은 들어간 바가 없습니다. 어떤 흐름에 들어갔으나 사실은 들어가지 않은 것일까요?
색성향미촉법(色聲香味觸法), 즉 눈으로 보는 사물, 귀로 듣는 소리, 코로 느끼는 향기, 혀로 맛보는 미각, 몸으로 느끼는 촉각, 마음으로 하는 생각에 들어가지 않은 흐름을 말합니다.

잘 관찰해 보면 만약 몸이 내가 아니라면, 어떤 것에 들어가겠습니까? 그래서 사실 모든 대상, 즉 세상의 흐름에 들어가도 들어간 바가 없다는 것입니다.
그렇기 때문에 내가 수다원이라는 과정에 들어갔다고 생각하지 않아야 한다는 것입니다.

그리고 아라한의 경지는 무쟁삼매(無諍三昧), 즉 어느 것과도 다툼이 없는 경지이고 이욕(離欲), 즉 모든 욕심을 떠나도 욕심을 떠난 아라한이라고 생각하지 않으며, 결국 무소행(無所行), 즉 아무런 행도 없어야 한다고 합니다.
이 세상 모든 일이 진리의 나툼인데, 공연히 인간들이 분별하고 있다는 말입니다. 하나의 님이 모든 것을 다 하고 있다고 믿고 맡기는 삶이 바른 삶입니다.
좋은 것도 나쁜 것도 하나의 님, 즉 진리가 하는 일이지, 내가 어찌할 수 있는 일이 아니라는 말입니다.

그러나 어느 종교처럼 전지전능의 인간적인 하나님을 만들어 놓고 그 하나님이 다 한다고 하면, 그것은 자기 생각의 하나님이니 진실하지 않습니다.

그래서 그 하나님은 자기가 생각하는 좋은 일만 하는 하나님으로 상정합니다. 우리가 생각할 때 나쁜 일도 하나님이 하시는 일입니다.

병도 아픔도 죽음도 모두 하나님이 하시는 일로 알아야 진실한 하나님을 알 것입니다.

그래서 우리 생각으로 이것이 불법이라고 생각하면, 그것은 우리가 생각하는 불법이지, 진실한 불법은 아니라는 것입니다.

진실은 우리가 알 수도 없고, 말로 설명할 수도 없습니다.

하나님이니 부처님이니 하는 것보다는 진리라고 하는 것이 좀 나을 듯합니다. 말로 표현할 수 없는 이 진리가 다 합니다. 이 우주가 그 뜻에 따라 잘하고 있습니다.

원불교에서는 '원만구족'하다고 합니다. 원만구족한 것이 어찌 잘못할 수 있겠습니까? 인간이 따지지만 않는다면 말입니다.

第十 莊嚴淨土分 장엄정토분
— 장엄정토는 말일 뿐이니 머무르지 말고 마음을 내어라

> 한글 금강경

　부처님께서 수보리에게 말씀하셨다. "수보리야 네 생각은 어떠한가? 옛적에 여래가 연등부처님 처소에서 얻은 법이 있다고 생각하느냐?"

　"아닙니다, 세존이시여! 여래께서는 연등부처님 계신 곳에서 얻으신 법이 실로 아무것도 없습니다."

　"수보리야 어떻게 생각하느냐? 보살이 불토를 장엄하느냐?"

　"아닙니다, 세존이시여! 왜냐하면 불토를 장엄한다는 것은 장엄함이 아니며 장엄한다고 이름하기 때문입니다."

　"그러므로 수보리야! 모든 보살은 응당 이와 같이 맑고 깨끗한 마음을 내야 한다. 마땅히 색깔, 소리, 냄새, 맛, 느낌, 생각, 감정, 법에 머물지 아니하고 마음을 내야 한다. 모름지기 집착함이 없이, 머무르지 말고 마음을 내야 한다."

　"수보리야! 비유하건대 어떤 사람의 몸이 수미산만 하다면 그 몸이 크다고 말할 수 있겠느냐?"

　수보리가 부처님께 말씀드렸다. "매우 큽니다. 세존이시여! 왜냐하면 부처님께서 말씀하신 수미산 같은 큰 몸은 실체로서의 몸이 아니며 큰 몸이라고 이름할 뿐입니다."

한문 금강경

佛告불고 須菩提수보리 於意云何어의운하 如來昔在여래석재 燃燈佛所연등불소 於法有所得不?어법유소득부?
不也世尊불야세존 如來在燃燈佛所여래재연등불소 於法實無所得어법실무소득
須菩提수보리 於意云何어의운하 菩薩莊嚴佛土不?보살장엄불토부?
不也世尊불야세존 何以故하이고 莊嚴佛土者장엄불토자 卽非莊嚴즉비장엄 是名莊嚴시명장엄
是故시고 須菩提수보리 諸菩薩摩訶薩제보살마하살 應如是生淸淨心응여시생청정심 不應住色生心불응주색생심 不應住聲香味觸法生心불응주성향미촉법생심 應無所住응무소주 而生其心이생기심
須菩提수보리 譬如有人비여유인 身如須彌山王신여수미산왕 於意云何어의운하 是身爲大不?시신위대부?
須菩提言수보리언 甚大世尊심대세존 何以故하이고 佛說非身불설비신 是名大身시명대신

저자의 견처

우리 모두는 내가 살고 있는 곳을 좋게 만들겠다[장엄(莊嚴)]고, 현실을 자기가 뜯어 고치겠다고 발 벗고 나섭니다. 그러나 내가 고치겠다, 장엄하게 만들겠다고 나서서 할 수 있는 일은 고작 외부 환경을 조금 낫게 하는 일입니다.

그러나 외부 환경이 겨울인데 씨를 뿌린다면 그 씨가 잘 자랄까요? 때에 맞게 해야 합니다. 순리에 따라야 합니다. 순리에 어긋나면 잘하겠다고 고친 것이 오히려 인간에게 해를 입힙니다.

외부를 고쳐서 인간에게 행복을 가져다줄까요? 이기심만 키워

서 다툼만 더 생기게 합니다. 그래서 맑고 깨끗한 마음[청정심(淸淨心)]을 내야 한다고 하는 것입니다.

맑고 깨끗한 마음이라는 것은 어디에도 머물지 않는 마음을 내는 것입니다.

혜능은 이 한 구절, 즉 응무소주(應無所住) 이생기심(以生其心)을 듣고 깨달아 6조 대사가 되었습니다. 그리고 '본래무일물(本來無一物)'이라고 설파했습니다.

불가에서 색성향미촉법(色聲香味觸法)을 6진(六塵), 즉 여섯 가지 티끌[진(塵)]이라고 합니다. 색(色)은 우리 몸을 포함하여 우주 만물을 가리킵니다. 소리, 향기, 맛, 접촉하는 것, 생각, 감정 등이 모두 티끌과 같은 것이라는 말입니다. 그러므로 이런 것에 머물지 않는 마음을 내는 것이 바른 견해입니다.

몸이 좀 아파도 난리요, 누가 죽어도 난리요, 재산만 좀 손해를 입어도 난리요, 자존심 상했다고 난리입니다.

이런 난리를 일으키지 않는 삶이 도인의 삶이 아닐까요?

이 세상도 다 생각이 만들어 낸 이름만 있고 얼마 안 가서 사라져 버리는 것들입니다. '나'란 것이 본래 아무것도 없는 것[무아(無我)]이기 때문입니다.

혜능대사의 본래무일물에서 나라는 것을 빼면 안 됩니다. 곧 죽어 없어지기 때문입니다..

그런데 현자는 모두 불생불멸하는 것이 있다고 가르칩니다. 이게 무엇인지 우리 생각으로는 알지 못합니다. 그러나 분명히 이렇게 존재합니다.

「능엄경」에 몸은 나이가 먹으면 늙고 병들지만, 보는 것은 어릴 때나 늙어서나 매한가지로 불생불멸, 즉 나지도 않고 죽지도 않는 것이라고 했습니다.

이 보는 것을 그냥 '봄'이라고 하는 분도 있습니다. 보는 것을 성품이라고도 하고 견성하라고 합니다. 항상 우리와 함께합니다.

이 성품이 몸도 만들고 우주도 만든다면 믿겠습니까?

대상을 보되 형상으로 보지 말고, 이 성품으로, 우주에 가득한 성품으로, 같은 성품으로 보아야 합니다.

6조 혜능스님이 깨달은 후 말했습니다.

"본래 완전한 줄 어찌 알았겠습니까?
본래 깨끗한 줄 어찌 알았겠습니까?
본래 흔들림이 없었던 줄 어찌 알았겠습니까?
본래 나고 사라짐이 없는 줄 어찌 알았겠습니까?
자성이 모두 현상을 만들어 내는 줄 어찌 알았겠습니까?"

위 혜능대사 말씀의 뜻은 이 마음, 자성 하나를 깨칠 일이라는 말입니다. 이 마음뿐임을 깨달을 뿐이라는 말입니다. 마음뿐이라면 구구절절 많은 얘기들이 필요 없을 것입니다.

모든 것이 바로 마음입니다. 때에 따라 말을 하고, 행동을 하고, 생각을 하고, 움직임에 걸림이 없을 뿐입니다. 잃어버릴 것은 아무것도 없습니다.

본래 없었던 것을 놓아 버릴 뿐이고 그릇된 관념을 놓아 버릴 뿐이며 착각에서 벗어날 뿐입니다.

여기에 대신(大身), 신여수미산왕(身如須彌山王)이라는 구절이 나옵니다.

이 글을 읽는 분은 자기 몸이 우주와 같이 크다고 상상해 보세요. 자기 몸의 세포들이 생멸(生滅)해도 몸은 그대로 존재하듯이, 우주를 구성하는 어떤 존재가 생멸(生滅)해도 우주는 그대로 존재함을 느낄 수 있을 것입니다.

第十一 無爲福勝分 무위복승분
— 함이 없는 복덕이 가장 뛰어나다

한글 금강경

"수보리야! 갠지스 강의 모래알 숫자만큼의 갠지스 강들이 있다면 너는 어떻게 생각하느냐? 이 모든 갠지스 강들의 모래는 얼마나 많겠느냐?"

수보리가 아뢰었다. "참으로 많습니다. 세존이시여! 단지 그 모든 강들만 해도 헤아릴 수 없이 많을진대, 하물며 그 모든 강들의 모래알 숫자야 어찌 말할 나위가 있겠습니까?"

"수보리야! 나는 지금 진실된 말로 너에게 말한다. 만약 선남자 선여인이 일곱 가지 보배로써 저 모든 갠지스 강들의 모래알 숫자만큼의 삼천대천세계를 가득 채워서 보시한다면 그 얻는 복덕이 많지 않겠느냐?"

수보리가 아뢰었다. "참으로 많습니다. 세존이시여!"

부처님께서 수보리에게 말씀하셨다. "만약 선남자 선여인이 이 경 속에 있는 사구게 하나라도 제대로 받아 지녀서 다른 사람에게 전해준다면 이 복덕은 앞의 복덕보다도 훨씬 뛰어나다."

한문 금강경

須菩提수보리 如恒河中所有沙數여항하중소유사수 如是沙等恒河여시사등항하 於意云何어의운하 是諸恒河沙시제항하사 寧爲多不?영위다부?
須菩提言수보리언 甚多世尊심다세존 但諸恒河단제항하 尙多無數상다무수

何況其沙하항기사
須菩提수보리 我今아금 實言告汝실언고여 若有약유 善男子선남자 善女人선여인 以七寶滿爾所이칠보만이소 恒河沙數항하사수 三千大千世界삼천대천세계 以用布施이용보시 得福多不?득복다부?
須菩提言수보리언 甚多世尊심다세존
佛告불고 須菩提수보리 若善男子약선남자 善女人선여인 於此經中乃至어차경중내지 受持四句偈等수지사구게등 爲他人說위타인설 而此福德이차복덕 勝前福德승전복덕

저자의 견처

참으로 「금강경」이라는 경전이 얼마나 위대한 경전인지를 강조하는 무위복승분입니다.

갠지스 강의 모래알만큼 많은 삼천대천세계에 가득한 칠보를 보시하는 복덕보다도 이 「금강경」의 사구게 한 구절이라도 다른 사람에게 전해 주는 그 복덕이 훨씬 뛰어나다고 합니다.

재물 보시도 아무나 하는 것이 아니지만, 그보다도 진리의 말씀을 전하는 복덕이 더 크다는 것을 강조합니다.

혜능이라는 분도 일자무식 나무꾼이었지만 「금강경」의 한 구절 응무소주 이생기심(應無所住 以生其心)이라는 말을 듣고 깨달아 수많은 중생을 제도했습니다.

재물 보시야 몸으로 사는 한 생 동안 안락하고 편안하게 살게 하는 공덕이 있겠지만, 법 보시로 한 사람을 깨우치게 하면 영원토록 불생불멸하는 진리와 함께 살아가게 하는 공덕이 있기 때문일 것입니다.

「금강경」의 사구게는 다음과 같습니다.

범소유상 개시허망(凡所有相 皆是虛妄)
약견제상 비상 즉견여래(若見諸相 非相 即見如來)

응무소주 이생기심(應無所住 以生其心)

약이색견아(若以色見我) 이음성구아(以音聲求我)
시인행사도(是人行邪道) 불능견여래(不能見如來)

불취어상(不取於相) 여여부동(如如不動)
일체유위법(一切有爲法) 여몽환포영(如夢幻泡影)
여로역여전(如露亦如電) 응작여시관(應作如是觀)

第十二 尊重正教分 존중정교분

— 이 경이 설해지면 천인 아수라가 공양하고,
이 경이 있는 곳은 부처와 제자가 있는 곳이다

> 한글 금강경

"또한 수보리야! 어디서든 이 경중에 사구게 하나라도 설하게 되면 마땅히 그곳에 일체 세간의 하늘 신과 인간과 아수라가 모두 응당 부처님의 탑묘에서와 같이 공양을 올린다는 것을 알아야 한다.

하물며 어떤 사람이 이 경을 능히 다 받아들이고 독송함에 있어서랴!

수보리야! 마땅히 이 사람은 가장 높고 으뜸가는 희유한 법을 성취하게 될 것이며, 이 경이 있는 곳은 바로 부처님과 존경받는 그 제자들이 함께하는 것임을 알아야 한다."

> 한문 금강경

復次부차 須菩提수보리 隨說是經乃至수설시경내지 四句偈等사구게등 當知此處당지차처 一切世間일체세간 天人阿修羅천인아수라 皆應供養개응공양 如佛塔廟여불탑묘
何況有人하황유인 盡能受持讀誦진능수지독송
須菩提수보리 當知是人당지시인 成就最上第一希有之法성취최상제일희유지법 若是經典약시경전 所在之處소재지처 卽爲有佛즉위유불 若尊重弟子약존중제자

> 저자의 견처

「금강경」이 바른 가르침이니, 존중해야 함을 설한 부분입니다. 이 「금강경」이 있는 곳은 부처님과 존중받는 그 제자들이 함께 있는 곳이라고 합니다.

「금강경」을 읽되 불취어상(不取於相) 여여부동(如如不動)하라고 합니다. 상을 취하지 말고, 어떤 상에도 머무르지 말고, 그저 여여부동하라고 했습니다.

상(相)에는 아상, 인상, 중생상, 수자상이 있습니다. 그러나 이런 상이 없으면 깨달은 사람이라고 합니다. 이런 상을 취하지 말고 항상 움직이지 말라고 합니다. 어떤 상에도 머무르지 말라고 합니다.

구마라즙은 상(相)으로 번역했으나, 현장법사님은 상(想)으로 번역했다고 합니다. 상(相)은 이미지이고, 상(想)은 생각입니다.

마하리쉬는 「나는 누구인가?」[5]라는 책에서, 모든 생각은 나라는 생각이 기초가 되어서 형성된다고 하였습니다. 나라는 생각이 아상입니다.

그래서 나는 누구인가를 탐구하면, 모든 생각이 사라지고, 구경에는 나라는 생각도 사라지면, '참나', '무아', '아무것도 없음'의 깨달음이 나타난다고 합니다.

레븐슨도 「깨달음 그리고 지혜」[6]라는 책에서 자기가 40일밖에 살 수 없다는 의사의 진단을 받았으나, 나는 누구인가를 탐구하여, 모든 병이 사라지고 깨달음을 얻어 장수했다고 했습니다.

그러나 도인이라고 해서 몸에 병이 생기지 않는 것은 아닙니

---

5) 라마나 마하리쉬, 앞의 책.
6) 레스터 레븐슨, 「깨달음 그리고 지혜」, 이균형 역, 정신세계사, 2018.

다. 석가모니도 육신에 병이 들어서 돌아가셨고, 마하리쉬나 마하라지도 말년에 병을 앓아 고생하다가 돌아가셨다고 합니다.

다만 도인들은 병이 들어도 몸이 자기가 아닌 것을 앎으로 개의치 않고 여여부동하며 설법하시다가 돌아가시는 것 같습니다.

혹시 어떤 생각이 또 떠오르더라도 "이 생각이 누구에게서 일어나는가?"라고 물으면, "나"라는 답이 나올 것이고, 그러면 다시 '나는 누구인가?'를 탐구하면 된다고 합니다.

우리 불가의 '이 뭣고?' 화두참구도 같은 맥락이라고 봅니다. 단, "나는 누구인가?", "이 뭣고?"의 정답이 "모른다."임을 인정하는 사람이 없다고 합니다.

어떻든 '나는 없음', '아무것도 없음'의 경지를 체험하면 모든 것, 우주 만물만상이 '나'인 경지를 일시적으로나마 체험할 수 있습니다.

그러나 고다드는 「상상의 힘」[7]이라는 책에서 현실은 상상하는 대로 만들어진다고 했습니다. 즉 상상의 힘으로 현실을 바꿀 필요가 있으면 상상의 힘으로 현실을 바꾸기는 바꾸어야 합니다.

그러나 현실은 항상 고정불변하는 것이 아니고, 늘 변하는 것입니다.

그래서 도인들은 일체유위법(一切有爲法) 여몽환포영(如夢幻泡影)이라 하였는데 일체유위법, 즉 현실은 꿈같고, 환 같고, 물거품 같고, 그림자 같아 믿을 것이 못된다고 하였습니다.

---

7) 네빌 고다드, 「상상의 힘」, 최지원·안유진 역, 서른세개의 계단, 2013.

이런 실재하지 않는 현실과 다투면 우리는 고통을 받습니다.

그냥 받아들이고, 받아들인 다음 진리가 겉으로 나타난 외부만을 바꾸려고 헛고생을 하지 말고 진리, 즉 마음의 힘, 상상의 힘으로 현실이 마음이 바뀜에 따라서 자연히 바뀌도록 하여야 합니다.

시크릿[8]의 '끌어당김의 법칙'도 외부는 그대로 두고 마음으로 좋은 생각, 좋은 감정을 끌어당기면 외부현실이 생각대로, 이미지대로, 상상대로, 감정대로 바뀐다는 이론입니다.

케이티의 「당신의 아름다운 세계」[9] 제12장에 이렇게 쓰여 있습니다.

당신이 현실은 어떤 모습이어야 한다는 이야기를 자신에게 얘기할 때, 당신은 천장이나 벽과 다투게 됩니다. 그건 가망 없는 일이며, 고양이에게 개처럼 짖으라고 가르치는 것과 같습니다. 고양이는 협조하지 않을 것입니다. 그러면 당신은 고양이에게 이렇게 말할지 모릅니다. "아니, 아니야. 이해를 못 하는군. 너는 개처럼 짖어야 해. 개처럼 짖으면 너한테 훨씬 좋을 거야. 게다가 나는 네가 개처럼 짖는 게 정말 필요해. 나는 남은 삶을 다 바쳐서라도 너에게 개처럼 짖는 법을 가르칠 거야." 수십 년이 흐른 뒤, 당신이 삶을 다 희생하고 바친 뒤, 고양이는 당신을 올려다보며 웁니다. "야옹."

---

8) 론다 번, 「시크릿」, 김우열 역, 살림Biz, 2007.
9) 바이런 케이티, 앞의 책.

第十三 如法受持分여법수지분
― 여래는 진리를 설한 바가 없다

> 한글 금강경

그때 수보리가 부처님께 여쭈었다.

"세존이시여! 이 경을 무엇이라고 이름해야 하며 어떻게 받들어 지녀야 합니까?"

부처님께서 수보리에게 이르셨다.

"이 경의 이름은 금강반야바라밀이니라. 이 이름으로 잘 받들어 지녀라.

왜냐하면 수보리야! 부처가 반야바라밀이라고 말하면, 그것은 실제의 반야바라밀이 아니라, 이름만 반야바라밀이기 때문이다."

"수보리야! 어떻게 생각하느냐? 여래가 설한 진리가 과연 있느냐?"

수보리가 부처님에게 대답하였다. "세존이시여! 여래께서는 진리를 설하신 바가 없으십니다."

"수보리야! 어떻게 생각하느냐? 삼천대천세계에 있는 미세한 먼지가 많다고 하겠느냐?"

수보리가 부처님에게 대답하였다. "매우 많습니다. 세존이시여!"

"수보리야! 여래가 말한 그 모든 미세한 먼지는 실제의 미세한 먼지가 아니라, 이름만 미세한 먼지이다. 여래가 말한 세계는 실제의 세계가 아니라, 이름만 세계라고 하는 것이다."

"수보리야! 어떻게 생각하느냐? 32상으로서 여래를 볼 수 있겠느냐?"

"아닙니다. 세존이시여! 32상으로 여래를 볼 수 없습니다. 왜냐하면 여래께서 말씀하신 32상은 곧 상이 아니며, 그 이름만 32상이라고 하기 때문입니다."

"수보리야! 선남자 선여인이 갠지스 강의 모래알 숫자만큼의 목숨을 바쳐서 보시를 했다고 해도, 어떤 사람이 이 경 중에 사구게 하나만이라도 받아 지녀서 다른 사람들에게 설해 준다면 이 복덕이 훨씬 더 많으니라."

한문 금강경

爾時이시 須菩提수보리 白佛言백불언
世尊세존 當何名此經당하명차경 我等云何奉持아등운하봉지
佛告불고 須菩提수보리
是經시경 名爲金剛般若波羅蜜명위금강반야바라밀 以是名字이시명자 汝當奉持여당봉지
所以者何소이자하 須菩提수보리 佛說불설 般若波羅蜜반야바라밀 卽非즉비 般若波羅蜜반야바라밀 是名시명 般若波羅蜜반야바라밀
須菩提수보리 於意云何어의운하 如來有所說法不여래유소설법부?
須菩提수보리 白佛言백불언 世尊세존 如來無所說여래무소설
須菩提수보리 於意云何어의운하 三千大千世界삼천대천세계 所有微塵소유미진 是爲多不시위다부?
須菩提言수보리언 甚多世尊심다세존
須菩提수보리 諸微塵제미진 如來說여래설 非微塵비미진 是名微塵시명미진 如來說여래설 世界세계 非世界비세계 是名世界시명세계
須菩提수보리 於意云何어의운하 可以가이 三十二相삼십이상 見如來不견여래부?

不也世尊불야세존 不可以불가이 三十二相삼십이상 得見如來득견여래
何以故하이고 如來說여래설 三十二相삼십이상 卽是非相즉시비상 是名시명
三十二相삼십이상
須菩提수보리 若有약유 善男子선남자 善女人선여인 以恒河沙等이항하사등
身命布施신명보시 若復有人약부유인 於此經中乃至어차경중내지 受持四句
偈等수지사구게등 爲他人說위타인설 其福甚多기복심다

저자의 견처

붓다께서 설한 진리가 없다고 합니다.
왜 그럴까요?

진리는 절대성, 즉 대(對)가 끊어진 자리이기 때문입니다. 진리에는 음양, 유무, 남녀, 명암, 춥고 더움, 몸과 마음 등의 상대가 없기 때문입니다.

그런데 이 진리가 나투어진 세계는 상대성으로 이루어져 있습니다. 남녀가 없으면 후손이 태어날 수 없습니다.

이 절대성 자리를 말로 글로 표현할 수 없습니다. 그래서 말로, 생각으로는 진리인 절대성을 알 수도 표현할 수도 없습니다.

그러므로 붓다가 설한 말씀이 진리라고 고집해서는 안 됩니다. 예컨대, 여래뿐만 아니라 누구든지 세계라고 말하면, 그것은 실제의 세계가 아니라, 이름만 세계인 것입니다. 또 여래뿐 아니라 누구든지 이것이 진리라고 말하면 그것은 실제의 진리가 아니라, 이름만 진리라는 것입니다.

그러나 말이 아니고는 진리를 표현할 수 없습니다.

"진리란 이것이다." 하면 반드시 상대적인 개념이 존재하기 때문에 그 말은 진리를 표현할 수 없고, 말은 한계가 있습니다.

그럼에도 불구하고, 이 「금강경」의 사구게 하나만이라도 전하면 가히 헤아릴 수 없는 복덕을 받는다고 강조합니다.

뗏목과 같은 이 「금강경」의 사구게 하나만 타고 고통의 바다를 건너가는 현자가 있다면, 그는 다시는 고통을 겪지 않을 것이기 때문입니다.

그러나 후대에 이르러서, 구지스님은 손가락 하나를 올려 보여주는 것으로 진리를 표현했고, 조주스님은 '무'라는 화두를 전해 주었으며, 임제스님이 말만 하면 몽둥이로 두드려 패서 진리를 전한 황벽스님도 있습니다.

그러면서 불입문자(不立文字)하고 이심전심(以心傳心)으로 알 수 없는 진리를 전해야 한다는 것입니다.

위 모든 스님들의 행동이 모두 이것이 진리라고 뚜렷이 보여주는 것입니다. 그래서 탁자를 두드리며 이것이라고 가르치시는 분도 있습니다.

진리가 아니면 어떻게 그런 행동을 하겠습니까?

분별하는 마음, 나누는 마음, 의심하는 마음만 없으면 이 세상 모든 것이 다 진리 아님이 없습니다.

어제의 가난은 가난도 아니더라.
어제의 가난은 송곳을 꽂을 땅도 없더니
오늘의 가난은 송곳도 없더라.

그래도 누가 나에게 "진리가 무엇이냐?"고 묻는다면, "사미야!"하리라.
 아무것[송곳]도 없는데, "사미야!"하고 소리치는 것이 진리라는 말입니다.

 가난한 자는 복이 있나니 천국이 그의 것이기 때문이라.
 아무것도 없는 나, 즉 절대가 되어야 모든 것이 다 나, 즉 절대, 진리임을 알게 된다는 뜻입니다.

第十四 離相寂滅分 이상적멸분
— 일체의 모든 상을 떠나면 부처라 한다

> 한글 금강경

　수보리가 이 경을 설하심을 듣고 그 뜻이 가슴에 깊이 새겨져서 눈물을 흘리며 흐느껴 울면서 부처님께 말씀드렸다.
　"참으로 희유한 일입니다. 세존이시여!
　부처님께서 설하신 이와 같이 깊고 깊은 가르침의 말씀을 제가 예로부터 지금까지 얻은 혜안으로는 들어본 적이 없습니다.
　세존이시여! 만약 어떤 사람이 이 경을 듣고 순수한 마음으로 믿으면 곧바로 실상을 깨달을 것입니다. 이런 사람은 최고의 희유한 공덕을 성취할 것임을 마땅히 알아야 할 것입니다.
　세존이시여! 실상은 어떤 상이 아니므로 여래께서는 이름이 실상이라고 하십니다.
　세존이시여! 제가 이와 같은 가르침을 듣고 믿어서 이해하고 받아 지니기에는 어려울 것이 없겠으나 만약 오백 년도 지난 먼 훗날에 어떤 중생이 이 경을 듣고 믿음을 내서 이해하고 받아 지닐 수 있다면 이 사람이야말로 세상에서 가장 희유하다 할 수 있을 것입니다.
　왜냐하면 이 사람은 아상, 인상, 중생상, 수자상이 없기 때문입니다. 그 까닭은 아상은 곧 상이 아니며 인상, 중생상, 수자상도 곧 상이 아니기 때문입니다.
　왜 그런가 하면 일체의 모든 상을 떠나면 곧 부처라 이름하는 까닭입니다."

부처님께서 수보리에게 말씀하셨다.

"참으로 그렇도다. 어떤 사람이 이 경의 가르침을 듣고서 놀라지 않고, 무서워하지 않고, 두려워하지도 않는다면 마땅히 알아야 한다. 이 사람이야말로 대단히 희유한 사람이다.

왜냐하면 수보리야! 여래가 설하는 제일바라밀은 곧 제일바라밀이 아니기 때문에 제일바라밀이라 이름하는 것이다.

수보리야! 여래는 인욕바라밀을 인욕바라밀이 아니라고 설한다.

왜냐하면 수보리야! 내가 옛적에 가리왕에게 몸을 베이고 찢겼으나 그때 나에게는 아상, 인상, 중생상, 수자상이 없었다. 만약 내가 사지가 마디마디 찢길 때 아상, 인상, 중생상, 수자상이 있었다면 마땅히 분노하고 원망하는 생각을 일으켰을 것이다.

수보리야! 또한 과거 오백 생 동안 인욕선인이었던 것을 기억하는데 그 세상에서도 아상이 없었고 인상, 중생상, 수자상이 없었느니라.

그러므로 수보리야! 보살은 마땅히 일체의 상을 떠나 아뇩다라삼먁삼보리의 마음을 일으켜야 한다.

형색에 집착하여 마음을 내지 말며, 소리와 냄새, 맛과 느낌, 그리고 생각, 감정, 법에 집착하여 마음을 내지 마라. 마땅히 머무는 바 없이 마음을 내어야 한다.

만약 마음이 머무는 바가 있다면 머물지 않도록 해야 한다.

그래서 여래는 보살이라면 반드시 그 마음이 형색에 머묾이 없는 보시를 하라고 설하는 것이다.

수보리야! 보살은 일체중생들에게 이익이 되도록 마땅히 이와 같이 보시하여야 한다.

여래는 일체의 모든 상은 곧 상이 아니며 일체의 중생도 곧 중생이 아니라고 설한다.

　수보리야! 여래는 참된 말을 하는 자이며, 실다운 말을 하는 자이며, 있는 그대로를 말하는 자이며, 허황된 말을 하지 않는 자이며, 사실과 다른 말을 하지 않는 자이다.

　수보리야! 여래가 깨달은 이 법은 진실하지도 않고 헛되지도 않다.

　수보리야! 만약 보살이 법에 집착하여 보시를 행하면 마치 사람이 어둠 속에 들어가면 아무것도 보지 못하는 것과 같고, 만약 보살이 법에 머무는 바 없이 보시를 행하면 마치 눈 있는 사람이 햇빛이 밝게 비치면 여러 가지 형색을 보는 것과 같다.

　수보리야! 오는 미래세에 선남자 선여인이 이 경을 능히 잘 받아 지니고 독송하면 여래는 부처의 지혜로 이 사람들을 다 알고 다 보나니 모두 헤아릴 수 없이 가없는 공덕을 성취하게 될 것이다."

한문 금강경

爾時이시 須菩提수보리 聞說是經문설시경 深解義趣심해의취 涕淚悲泣체루비읍 而白佛言이백불언
希有世尊희유세존 佛說如是甚深經典불설여시심심경전 我從昔來아종석래 所得慧眼소득혜안 未曾得聞미증득문 如是之經여시지경
世尊세존 若復有人약부유인 得聞是經득문시경 信心淸淨신심청정 卽生實相즉생실상 當知是人당지시인 成就第一希有功德성취제일희유공덕
世尊세존 是實相者시실상자 卽是非相즉시비상 是故시고 如來說名實相여래설명실상
世尊세존 我今得聞아금득문 如是經典여시경전 信解受持신해수지 不足爲難부족위난 若當來世약당래세 後五百歲후오백세 其有衆生기유중생 得聞是經득

문시경 信解受持신해수지 是人시인 卽爲第一希有즉위제일희유
何以故하이고 此人차인 無我相무아상 無人相무인상 無衆生相무중생상 無壽者相무수자상 所以者何소이자하 我相아상 卽是非相즉시비상 人相인상 衆生相중생상 壽者相수자상 卽是非相즉시비상
何以故하이고 離이 一切諸相일체제상 卽名諸佛즉명제불
佛告불고 須菩提수보리
如是如是여시여시 若復有人약부유인 得聞是經득문시경 不驚불경 不怖불포 不畏불외 當知是人당지시인 甚爲希有심위희유
何以故하이고 須菩提수보리 如來說여래설 第一波羅蜜제일바라밀 卽非즉비 第一波羅蜜제일바라밀 是名시명 第一波羅蜜제일바라밀
須菩提수보리 忍辱波羅蜜인욕바라밀 如來說여래설 非忍辱波羅蜜비인욕바라밀
何以故하이고 須菩提수보리 如我昔爲여아석위 歌利王가리왕 割截身體할절신체 我於爾時아어이시 無我相무아상 無人相무인상 無衆生相무중생상 無壽者相무수자상
何以故하이고 我於往昔아어왕석 節節支解時절절지해시 若有약유 我相아상 人相인상 衆生相중생상 壽者相수자상 應生嗔恨응생진한
須菩提수보리 又念우념 過去於五百世과거어오백세 作忍辱仙人작인욕선인 於爾所世어이소세 無我相무아상 無人相무인상 無衆生相무중생상 無壽者相무수자상
是故시고 須菩提수보리 菩薩보살 應離응리 一切相일체상 發阿耨多羅三藐三菩提心발아뇩다라삼먁삼보리심
不應住色生心불응주색생심 不應住聲香味觸法生心불응주성향미촉법생심 應生無所住心응생무소주심
若心有住약심유주 卽爲非住즉위비주
是故시고 佛說불설 菩薩보살 心不應住色布施심불응주색보시

須菩提_{수보리} 菩薩_{보살} 爲利益_{위이익} 一切衆生_{일체중생} 應如是布施_{응여시보시}
如來說_{여래설} 一切諸相_{일체제상} 卽是非相_{즉시비상} 又說_{우설} 一切衆生_{일체중생} 卽非衆生_{즉비중생}
須菩提_{수보리} 如來_{여래} 是_시 眞語者_{진어자} 實語者_{실어자} 如語者_{여어자} 不狂語者_{불광어자} 不異語者_{불이어자}
須菩提_{수보리} 如來所得法_{여래소득법} 此法_{차법} 無實無虛_{무실무허}
須菩提_{수보리} 若菩薩_{약보살} 心住於法_{심주어법} 而行布施_{이행보시} 如人入闇_{여인입암} 卽無所見_{즉무소견} 若菩薩_{약보살} 心不住法_{심부주법} 而行布施_{이행보시} 如人有目_{여인유목} 日光明照_{일광명조} 見種種色_{견종종색}
須菩提_{수보리} 當來之世_{당래지세} 若有_{약유} 善男子_{선남자} 善女人_{선여인} 能於此經_{능어차경} 受持讀誦_{수지독송} 卽爲如來_{즉위여래} 以佛智慧_{이불지혜} 悉知是人_{실지시인} 悉見是人_{실견시인} 皆得成就_{개득성취} 無量無邊功德_{무량무변공덕}

저자의 견처

「금강경」의 핵심 가르침은 무아(無我), 즉 '나'라는 상(相)[아상(我相)]이 없음입니다. 아상, 인상, 중생상, 수자상이 없습니다.

제상(諸相) 비상(非相)인 줄 알면, 즉 나라는 생각도 없고, 너라는 생각도 없고, 세계라는 생각도 없는 줄 알면, 즉견여래(卽見如來)합니다.

불취어상(不取於相)하고 여여부동(如如不動)하라고 합니다.

이상(離相)하면 적멸(寂滅)인데 그것이 부처라고 합니다.

나라는 생각이 없으면, 아무것도 없음의 경지에서 보면, 모두가 나, 즉 전체가 진리 아님이 없음을 깨닫게 됩니다.

그래서 수보리가 붓다의 가르침인 이 '나 없음'의 경지를 체험하고 눈물을 흘리며 감사하고, 후대에도 이런 깨달음을 얻을 사람이 있겠느냐고 부처님께 말씀 올리는 장면입니다.

지금 이 후대에는 모두 몸뚱이만 자기로 알고, 나라는 생각, 즉 '에고'만 가득하여 자기가 옳다는 시비와 다툼만 가득하니, 나와 네가 모두 진리의 나툼, 즉 '진리-하나의 님'의 시현(示現)이라는 도인들은 설 땅이 없습니다.

그러나 이 세상에 말 없이 침묵으로, 진리대로 살려고 노력하는 수보리 같은 현인(賢人) 한 사람만 있어도 진리가 세워질 것입니다.

없는 진리가 세워지는 것이 아니고, 진리는 항상 이렇게 원만구족(圓滿具足)하게 부족함이 없이 잘 작동하고 잘 존재합니다.

「금강경」의 가르침의 핵심은 '무아상(無我相)', 즉 나는 아무것도 없다는 것입니다.

나에게 분명 이렇게 몸이 있는데, 나는 몸이 없다고 합니다. 나에게 이렇게 가족이 있는데, 나에게 아무것도 없다고 합니다. 나에게 이렇게 집과 재물이 있는데, 나에게 아무것도 없다고 합니다.

눈으로 보는 모든 형상, 귀로 듣는 모든 소리, 코로 맡는 모든 냄새, 혀로 느끼는 모든 맛, 몸으로 느끼는 모든 감정, 모든 생각에 머물지 말라고 합니다.

이런 가르침이 놀랍지 않나요? 또 어떻게 보면 무섭거나 두렵지 않나요? 쉽게 말해서 허망하지 않나요?

이 「금강경」의 이런 가르침을 듣고 진실한 믿음, 의심 없는 믿음을 가질 수 있나요?

그러나 잘 생각해 보면, 실제로 이 세상 모든 것들은 이 몸이 죽으면 모두 사라질 허망한 것들입니다. 그것이 진실입니다.

몸을 나로 보면 그렇습니다. 몸은 죽기 때문입니다.

그러나 불생불멸(不生不滅), 즉 나지도 않고 죽지도 않는 것이 진짜 나라고 하면 어떻겠습니까? 믿음이 갑니까?

죽는 너의 몸이 네가 아니고, 나지도 않고 죽지도 않는 것이 진짜 너라는 이 가르침에 놀라지 않고, 의심 없이 믿는 사람은 무한 공덕을 얻을 것입니다.

나지도 않고 죽지도 않는 것은 보는 것이라는 게 「능엄경」의 가르침입니다. 몸은 나이에 따라 늙지만 보는 것이 늙는지 살펴보라는 것입니다.

듣는 것도 어린이나 늙은이나 똑같이 듣습니다.

몸을 움직이면서 들어 보세요. 듣는 것은 몸의 움직임에 영향을 받지 않습니다. 몸이 거꾸로 매달린 상태라도 보는 것은 몸의 상태에 영향을 받지 않고 동일합니다.

따라서 몸이 죽어도 보는 것, 듣는 것은 몸의 영향을 받지 않고 그대로입니다.

몸이 움직이는 것이 아니고, 몸을 움직이는 것이 있어서 몸이 움직입니다. 몸은 있어도 몸을 움직이는 것이 없으면 몸은 움직이지 못합니다.

보는 것, 듣는 것, 몸을 움직이는 것, 말하는 것이 서로 다른 것이 아니라 하나입니다. 이 하나가 진짜 나입니다.

이 하나를 영혼이라고도 합니다만, 아무것도 없는 '무'이니, 무엇이라고 설명할 수 없는, 알 수 없는 존재입니다.

이 존재가 있기 때문에 생각도 하고, 알기도 하고, 말도 하고, 행동도 합니다.

이것은 몸의 영향을 받지 않기 때문에 몸이 죽는다고 하여 이것도 죽는다고 할 수 없습니다. 나지도 않은 존재인데 죽을 수가 없지요.

그래서 탁자를 두드리면서 이것이라고 가르치는 분도 있습니다. 말로 무엇이라고 표현할 수는 없지만 분명히 이렇게 존재하지 않나요?

이 믿기 어려운 진실을 믿는 것이 신심청정(信心淸淨)입니다.

여기에서 한 가지 중요한 문제가 제기됩니다. 과연 전생이 있느냐는 문제입니다. '무아' 이론상으로는 '없는 나'가 죽고 다시 '같은 나'로 태어난다는 것은 말이 안 됩니다. 윤회를 이야기하는 것은 부처님의 '무아'의 가르침을 모르고, 인도 힌두교의 전통을 따르기 때문이라고 주장하는 분도 있습니다.

그러나 「금강경」 제14 이상적멸분에서 내가 옛적에 가리왕으로부터 몸이 베이고 끊어질 때, 무아상, 무인상, 무중생상, 무수자상이었다. 내가 그때 만약에 아상, 인상, 중생상, 수자상이 있었다면, 마땅히 분노하고 한을 품었으리라. 내가 과거 500세 인욕선인(忍辱仙人)으로 살면서, 그 세상마다 무아상, 무인상, 무중생상, 무수자상이었노라고 말씀하십니다.

즉 붓다가 되기 위하여 500생을 인욕선인으로 살았다는 것입니다. 그러니까 붓다가 되기 전에는 윤회한다는 말입니다.

제15 지경공덕분에서도 갠지스 강의 모래알 수만큼의 몸으로 백천만 억겁의 시간 동안에 몸으로 보시하는 공덕보다 이 경의 말씀을 듣고, 믿는 마음을 저버리지 않으면 그 복이 더 크다고 했습니다.

이 말도 붓다가 되기 전에는 백천만 억겁을 윤회한다는 것입니다.

제16 능정업장분에서도 선세죄업(先世罪業)을 말씀하셨고, "내가 생각해 보니, 과거무량아승기겁 연등부처님 전(前)에 팔백사천 나유타 모든 부처님을 공양하고 그 부처님들의 일을 이어받아 함에 있어서 한 치의 잘못이 없었던 공덕도, 이후 말세에 이 「금강경」을 받아 지니고 읽는 공덕에는 훨씬 미치지 못한다."고 하였습니다.

석가모니 붓다도 연등부처님 전(前)에 무량아승기겁 동안 한량 없는 부처님을 공양했다는 것입니다.

그러니까 석가모니 부처님도 부처님이 되시기 전의 한량 없는 전생이 있었다는 것입니다.

제17 무아구경부에도 만약 법이 있어서 내가 무상정등정각을 얻었더라면, 연등부처님께서 "너는 내세(來世)에 석가모니가 되리라."라고 수기를 주지 않았을 것이라고 하였습니다. 실로 법이 없고, 깨달음을 얻은 것이 없어서 연등부처님께서 나에게 수기를 준 것이라고 말씀하십니다.

분명히 석가모니 이전 연등부처님 시절의 전생을 말씀하시는 것입니다.

그러니까 완전히 깨달아서 소위 부처가 되기 전에는 윤회한다는 사실을 명심하여야 합니다. 이런 윤회를 함에 있어서 인과보응의 진리가 적용되는 것입니다.

원불교의 가르침에도 불교의 가르침이 '생멸이 없는 도'와 '인과보응의 진리'라고 하였습니다.

생멸이 없으니, 즉 나고 죽는 것이 아니니 과거생이나 미래생이 없어야 할 것인데, 이 생멸이 없는 도의 진리를 철저히 깨닫기 전에는 같은 사람으로 윤회하고 그 윤회는 인과보응의 진리에 따르는 것이라고 생각합니다.

그래서 원불교의 경전인「대종경」에서는 "누가 나를 해치거든 전생에 내가 해친 과보를 지금 받은 것으로 치부해 버리고, 다시는 다른 사람을 해치는 일은 하지 말라."고 여러 차례 강조합니다.

저도 서울에서 변호사를 하던 시절에 광주에 사시는 충현(忠玄)법사라는 분을 만난 적이 있는데, 그 법사님께서는 수협 광주시 지부장까지 하고, 30년간 독실한 기독교인으로 종교 생활을 해 왔는데 어느 날 갑자기 자기가 만나는 모든 사람들의 전생이 보이더랍니다.

'내가 마귀에 씌웠나?'하고 고민하는데, 인근 절에 계시던 청화스님께서 6신통의 하나인 숙명통이 열린 것이고, 초보 신통인데 무엇을 염려하느냐고 하셨답니다. 그래서 불교에도 관심을 가지게 되었으나 끝내는 사람의 전생이 보이는 것이 괴로워서 속세를 떠나 추월산으로 들어가서 나름 10년을 공부했다고 하였습니다.

그러면서 저를 보더니 정치를 하려고 하느냐고 물어서 그렇다고 했더니, 전생에 일국의 조정을 좌지우지하는 높은 자리에서 정치를 해 본 습관이 있어서 정치를 하려고 하는데, 이번 생에 당신의 임무는 정치가 아니니 하지 말라는 것이었습니다.

그래서 제가 정치를 해 본 사람이 정치를 해야 잘하지, 지금 정치가 엉망진창이 아니냐고 반문을 했더니, 정치라는 것은 반절은 혜택을 받고 반절은 피해를 입는 것이라서, 당신이 정치할 때 혜택을 입은 사람은 당신이 정치하는 것을 환영하겠지만 피해를 본 나머지 절반은 죽기 살기로 당신에게 복수하려고 할 터인데 그래도 정치를 하겠느냐고 했습니다.

그렇다면 이번 생에 나의 임무는 무엇인지 물어보니 도나 공부하라는 것이었습니다.

변호사로 보따리 들고 이리저리 동분서주하는 놈이 무슨 도 공부냐고 했더니, 윗 세계를 그렇게 무시하면 안 되며 당신이 나를 만나게 된 것도 윗 세계의 뜻이라면서 앞으로 당신의 직업이 바뀔 것이라고 했습니다.

그 이후 시·군법원 판사로 재임명받아서 14년간 판사생활을 하고 만 65세로 정년퇴직하였습니다.

우리가 일생을 살아감에 있어서, 하늘이 이번 생에 자기에게 내린 임무가 무엇인지를 늘 깊이깊이 살펴볼 일이라고 생각합니다.

무슨 일이든, 그것이 좋은 일이든 나쁜 일이든, 하늘의 뜻, 진리가 아니고는 일이 성사될 수 없습니다.

지금 하늘의 뜻이 잘 작동하고 있다는 사실을 깨달아야 합니다.

第十五 持經功德分 지경공덕분

— 이 경을 받아 지니고 독송하며 널리 다른 사람들에게 설명한다면, 깨달음을 얻고 불가사의한 공덕을 이룰 것이다

> 한글 금강경

"수보리야! 만약 어떤 선남자 선여인이 아침에 갠지스 강의 모래알 수만큼의 몸을 바쳐 보시하고 낮에도 갠지스 강의 모래알 수만큼의 몸을 바쳐 보시하고 저녁에도 또한 갠지스 강의 모래알 수만큼의 몸을 받쳐 보시한다고 하자. 이렇게 하기를 한량없는 백천만 억겁의 시간 동안 몸을 바쳐 보시를 한다고 하더라도 어떤 사람이 이 경전을 듣고 믿는 마음을 내어 저버리지 않는다면, 이 사람의 복이 앞 사람의 복보다 훨씬 더 크리라.

그런데 하물며 이 경을 베껴 쓰고 받아 지니고 읽고 외워서 다른 사람에게 설명해 주는 사람이 있다면 더 말해 무엇하겠느냐!

요컨대 수보리야! 이 경은 불가사의하며, 헤아려 셀 수도 없고, 끝도 없는 공덕을 지닌다.

여래는 대승의 마음을 낸 이를 위해 이 경을 설하고, 최상승의 깨달음을 추구하는 이를 위해서 이 경을 설하느니라.

만약 어떤 사람이 경을 받아 지니고 읽고 외워서 널리 다른 사람들에게 설한다면, 여래는 이 사람이 하는 일을 다 알고 다 볼 것이니, 이 사람은 헤아릴 수 없고, 말로 다할 수도 없으며, 끝도 없는 불가사의한 공덕을 이룰 것이다.

이와 같은 사람이라면 즉시 여래의 아뇩다라삼먁삼보리를 능

히 감당하여 성취할 수 있을 것이다.

왜냐하면 수보리야! 작은 법에 흡족해하는 자는 아견, 인견, 중생견, 수자견에 집착하여 이 경을 들으려고 하지도 않고, 받아들이지도 못하고, 읽고 외워서 다른 사람에게 설명해 줄 수도 없을 것이다.

수보리야! 어디든지 이 경이 있는 곳이라면 일체 세간의 하늘신과 인간과 아수라가 기꺼이 공양을 올릴 것이니, 마땅히 알라.

그곳은 곧 부처님의 탑묘와 같아서, 응당 모두가 공경하여 예배드리며 그 주위를 돌면서 온갖 꽃과 향을 그곳에 뿌릴 것이다."

한문 금강경

須菩提수보리 若有약유 善男子선남자 善女人선여인 初日分초일분 以恒河沙等이항하사등 身布施신보시 中日分중일분 復以恒河沙等부이항하사등 身布施신보시 後日分후일분 亦以恒河沙等역이항하사등 身布施신보시

如是여시 無量百千萬億劫무량백천만억겁 以身布施이신보시 若復有人약부유인 聞此經典문차경전 信心不逆신심불역 其福勝彼기복승피

何況하황 書寫受持讀誦서사수지독송 爲人解說위인해설

須菩提수보리 以要言之이요언지 是經有시경유 不可思議불가사의 不可稱量불가칭량 無邊功德무변공덕

如來여래 爲發大乘者說위발대승자설 爲發最上乘者說위발최상승자설

若有人약유인 能受持讀誦능수지독송 廣爲人說광위인설 如來여래 悉知是人실지시인 悉見是人실견시인 皆得成就개득성취 不可量불가량 不可稱불가칭 無有邊무유변 不可思議功德불가사의공덕

如是人等여시인등 即爲荷擔즉위하담 如來여래 阿耨多羅三藐三菩提아뇩다

라삼먁삼보리

何以故하이고 須菩提수보리 若樂小法者약요소법자 着착 我見아견 人見인견
衆生見중생견 壽者見수자견 卽於此經즉어차경 不能불능 聽受讀誦청수독송
爲人解說위인해설

須菩提수보리 在在處處재재처처 若有此經약유차경 一切世間일체세간 天人
阿修羅천인아수라 所應供養소응공양

當知此處당지차처 卽爲是塔즉위시탑 皆應恭敬개응공경 作禮圍繞작례위요
以諸華香이제화향 而散其處이산기처

저자의 견처

이 「금강경」은 대승(大乘), 즉 큰 것을 탄 사람과 최상승(崔上乘), 즉 최상의 것을 탄 사람을 위하여 설한 것이라고 합니다.

이 세상에서 가장 큰 것은 우주일 것입니다. 이 세상에서 셀 수 없이 큰 것은 허공일 것입니다. 그래서 불가에서는 공(空)을 말하는 것입니다.

즉, 우주가 나임을 깨달은 사람을 위해서 설한 경전이라는 것입니다. 그러므로 이 경을 받아 지니고 읽고 외워서 널리 사람들에게 설한다면 그 공덕은 불가사의하다고 하였습니다.

만약 작은 법[小法], 즉 내 몸만을 탄 사람은 아견, 인견, 중생견, 수자견에 집착하여 이 경을 알지도 못하고 들으려고 하지도 않을 것이며, 받아들이지도 못하고 읽고 외워서 다른 사람에게 설명해 줄 수도 없을 것이라고 합니다.

여기서 다른 사람을 위해서 어떻게 설할 것인가에 대한 대답은 제32 응화비진분에 불취어상(不取於相)하여 여여부동(如如不動)하라고 했습니다.

즉, 다른 사람을 볼 때 형상으로 보지 말고 나와 같은 진리로 보아서, 다른 사람이 어떠한 말과 행동을 하든지, 거기에 머물지 않고 움직이지 않음이 그 사람을 위해서 이「금강경」을 설해주는 것이라고 했음을 명심해야 합니다.

다른 사람이 나를 해치더라도, '내가 전에 저지른 일의 대가를 지금 받고 있구나.' 하고, 그것에 보복하여 다시 또 그런 나쁜 일을 당하지 말라는 것입니다.

석가모니께서도 전생에 인욕선인으로 살 때, 가리왕으로부터 몸의 사지를 찢기는 만행을 당하면서도 이 몸이 나라는 상[아상(我相)]이 없어서, 가리왕에게 원한을 품지 않았다고「금강경」제14 이상적멸분에서 말씀하지 않았습니까?

우주가 뭐라고 말하는 것을 보았습니까? 우주는 무언행(無言行), 즉 말없이 하고 무위행(無爲行), 즉 함이 없이 합니다. 이따금 만물을 살리는 비를 내리는 경우, 천둥으로 으르렁거리기는 합니다만…

그리고 불취어상 여여부동해야 하는 이유는 일체유위법(一切有爲法) 여몽환포영(如夢幻泡影), 즉 모든 사람들의 말과 행동은 꿈같고, 환 같고, 물거품 같고, 그림자와 같기 때문이라고 했습니다.

第十六　能淨業障分 능정업장분

― 이 경을 받아 지니고 읽으면, 능히 업장을 소멸하고
　　깨달음을 얻게 될 것이다

> 한글 금강경

　"또한 수보리야! 선남자 선여인이 이 경을 받아 지니고 읽고 외우는데 남들로부터 경시당하고 천대를 받는다면 이 사람은 과거세의 죄업으로 응당 악도에 떨어질 것이었는데 현세에 남들로부터 경시당하고 천대를 받은 까닭에 과거세에 지은 죄업이 즉시 소멸되고 마땅히 아뇩다라삼먁삼보리를 얻게 될 것이다.
　수보리야! 내가 기억해 보니 과거 헤아릴 수 없는 아승기겁의 시간 동안 연등부처님을 만나기 전에도 팔백사천만의 나유타의 수많은 부처님을 만나서 모두 공양 올리고 받들어 모시는 데에 조금도 그냥 지나친 적이 없었느니라.
　만약 어떤 사람이 훗날 말세에 이 경을 잘 받아 지니고 읽고 외워서 얻게 될 공덕은, 내가 그 많은 부처님들께 공양 올려 얻은 바 공덕과 비교하면 나의 공덕은 그 공덕의 백분의 일, 천만억분의 일, 아니 어떤 숫자와 비유로도 결코 거기에 미치지 못할 것이다.
　수보리야! 만약 선남자 선여인이 훗날 말세에 이 경을 받아 지니고 읽고 외우는 경우에 그 얻게 될 공덕에 대하여 내가 빠짐없이 말한다면 혹 어떤 사람은 그 말을 듣고는 마음이 미쳐 날뛰어 여우처럼 의심을 품고 믿지 않을 것이다.
　수보리야! 마땅히 알거라. 이 경의 뜻은 불가사의하며 그 수

지독송의 과보 또한 불가사의한 것이다."

> 한문 금강경

復次부차 須菩提수보리 善男子선남자 善女人선여인 受持讀誦此經수지독송차경 若爲人輕賤약위인경천 是人시인 先世罪業선세죄업 應墮惡道응타악도 以今世人輕賤故이금세인경천고 先世罪業선세죄업 卽爲消滅즉위소멸 當得阿耨多羅三藐三菩提당득아뇩다라삼먁삼보리
須菩提수보리 我念아념 過去無量阿僧祇劫과거무량아승기겁 於燃燈佛前어연등불전 得値득치 八百四千萬億那由他팔백사천만억나유타 諸佛제불 悉皆供養承事실개공양승사 無空過者무공과자
若復有人약부유인 於後末世어후말세 能受持讀誦此經능수지독송차경 所得功德소득공덕 於我所供養諸佛어아소공양제불 功德공덕 百分不及一백분불급일 千萬億分천만억분 乃至내지 算數譬喩산수비유 所不能及소불능급
須菩提수보리 若善男子약선남자 善女人선여인 於後末世어후말세 有受持讀誦此經유수지독송차경 所得功德소득공덕 我若아약 具說者구설자 或有人聞혹유인문 心卽狂亂심즉광란 狐疑不信호의불신
須菩提수보리 當知당지 是經義시경의 不可思議불가사의 果報과보 亦不可思議역불가사의

> 저자의 견처

이 「금강경」을 읽고 받아들여서 나 없이, 말없이 살아가고, 남이 경시하고 천대를 한다 해도 여여부동(如如不動), 즉 움직이지 않는다면. 그 사람은 과거에 지은 업보로 악도에 떨어질 사람이었어도 이 「금강경」을 읽고 실천함으로써 그 죄업이 소멸되고 오히려 깨달음을 얻을 것이라고 보장하고 있습니다.

어떤 어렵고 나쁜 상황에서도 「금강경」을 수지독송하면서, 그 뜻을 받들어서 나 없이, 말없이 살아가는 도인이 몇이나 될까요?

이 글을 쓰는 제가 그런대로 괜찮은 삶을 살아온 것도 48년간 「금강경」의 뜻을 알려고 끊임없이 마음으로 수지독송을 계속한 공덕이 아닐까 하고 생각해 봅니다.

물론 「금강경」만 수지독송한 것은 아니고, 그 궤를 같이하는 깨달음과 관련된 책들을 꾸준히 쉬지 않고 읽고 연구하여 분수를 지키고 지족안분하려고 애를 써 왔기 때문입니다.

마음에 몇몇 괘씸한 사람들도 있지만, 과거에 내가 지은 나의 죄업이 소멸되는 과정이라고 스스로 위안하며, 내가 받을 일이라고 반성하고 지나갑니다.

그러나 만약 「금강경」의 큰 뜻을 제대로 받아들여, 본래 내가 없다[무아(無我)]면, 거기에 무엇이 있겠습니까?

신수대사님 같이 애를 써서 마음의 때를 씻는 것이 아니라, 혜능대사처럼 본래무일물(本來無一物)입니다. 그러니까 애를 써서 마음을 닦고 닦아서 부처가 되는 것이 아니라, 본래 부처임을 깨달아야 합니다.

이일체상(離一切相)이 즉명제불(即名諸佛)이라는 것이 「금강경」의 가르침입니다. 즉, '일체의 생각'을 떠남이 부처라는 말입니다.

第十七 究竟無我分 구경무아분
— 무아 법을 통달한 사람이라야 진실한 보살이다

> 한글 금강경

이때 수보리가 부처님께 말씀드렸다. "세존이시여! 아뇩다라삼먁삼보리를 구하는 마음을 낸 선남자 선여인은 어떻게 행동해야 하고 어떻게 그 마음을 항복받아야 합니까?"

부처님께서 수보리에게 말씀하셨다.

"아뇩다라삼먁삼보리를 구하는 선남자 선여인은 반드시 이와 같이 그 마음을 내야 한다. '내가 마땅히 일체 중생을 열반에 들게 하여 제도하겠다는 원을 세우고, 일체 중생을 열반에 들게 하여 제도하였더라도 실제로는 열반에 들어 제도된 중생이 단 한 명도 없다.'라고.

왜냐하면 만약 보살에게 아상, 인상, 중생상, 수자상이 있으면 그것은 보살이 아니기 때문이다.

그 까닭은 무엇인가? 수보리야! 아뇩다라삼먁삼보리[깨달음]를 구하여 얻게 되는 어떤 법이 실제로 있는 것이 아니기 때문이다.

수보리야! 너는 어찌 생각하느냐? 여래가 연등부처님 계신 곳에서 아뇩다라삼먁삼보리를 얻었다고 할 만한 어떤 법이 있었느냐?"

"아닙니다. 세존이시여! 제가 부처님께서 설하신 뜻을 이해하기로는 부처님께서 연등불이 계신 곳에서 아뇩다라삼먁삼보리를 얻은 어떤 법이 있었던 것은 아닙니다."

부처님께서 말씀하셨다.

"참으로 그렇다. 수보리야! 여래가 아뇩다라삼먁삼보리를 얻을 어떤 법이 없느니라.

수보리야! 만약 여래가 아뇩다라삼먁삼보리를 얻을 자라고 한다면, 연등부처님께서 나에게 "너는 다음 세상에 반드시 부처가 되리니 그 이름을 석가모니라 하게 되리라." 하는 수기를 내리지 않았을 것이다.

진실로 아뇩다라삼먁삼보리라는 법을 얻은 것이 아니기 때문에 연등부처님께서 나에게 수기를 내려 말씀하시길 "너는 다음 생에 반드시 부처가 되리니 그 이름을 석가모니라 하게 되리라." 하신 것이다.

왜냐하면 여래라고 하는 것은 모든 법이 있는 그대로의 모습이라는 뜻이기 때문이다.

만약 어떤 사람이 여래가 아뇩다라삼먁삼보리를 얻었다고 말한다면 수보리야, 실로 아무런 법이 없이 부처가 아뇩다라삼먁삼보리를 얻은 것이다.

수보리야! 여래가 얻은 바 아뇩다라삼먁삼보리에는 진실됨도 헛됨도 없느니라.

그러므로 여래는 일체 법이 곧 부처님 법이라고 설하는 것이다.

수보리야! 말한 바 일체의 법이라고 하는 것은 실제는 일체의 법이 아니고 이름만 일체의 법이라고 하는 것이다.

수보리야! 비유하건대 사람의 몸이 아주 큰 것과 같다."

수보리가 말하였다.

"세존이시여! 여래께서 사람의 몸이 아주 크다고 말씀하시는 것은, 실제는 큰 몸이 아니며 이름만 큰 몸입니다."

"수보리야! 보살도 또한 이와 같아서 만약 "나는 마땅히 한량 없는 중생들을 열반에 들게 하여 제도하리라."라고 말한다면 보살이라 이름할 수 없다.

왜냐하면 수보리야, 보살이라고 이름할 수 있는 그 어떤 법이 없기 때문이다.

그러므로 여래는 일체의 법은 무아이며, 무인이며, 무중생이고, 무수자라고 말하느니라.

수보리야! 만약 보살이 "나는 반드시 불국토를 장엄하게 하리라."라고 말한다면 그를 보살이라 이름할 수 없다.

왜냐하면 여래가 불국토를 장엄하게 한다고 말하는 것은 곧 장엄하게 함이 아니며, 이름만 장엄이기 때문이다.

수보리야! 만약 보살이 무아의 법을 통달한다면 여래는 이를 참다운 보살이라 이름하리라."

한문 금강경

爾時이시 須菩提白佛言수보리백불언 世尊세존 善男子선남자 善女人선여인 發阿耨多羅三藐三菩提心발아뇩다라삼먁삼보리심 云何應住운하응주 云何降伏其心운하항복기심

佛告불고 須菩提수보리

若善男子약선남자 善女人선여인 發阿耨多羅三藐三菩提心者발아뇩다라삼먁삼보리심자 當生如是心당생여시심 我應滅度一切衆生아응멸도일체중생 滅度一切衆生已멸도일체중생이 而無有一衆生이무유일중생 實滅度者실멸도자

何以故하이고 須菩提수보리 若菩薩약보살 有유 我相아상 人相인상 衆生相중생상 壽者相수자상 卽非菩薩즉비보살

所以者何소이자하 須菩提수보리 實無有法실무유법 發阿耨多羅三藐三菩提心者발아뇩다라삼먁삼보리심자

須菩提수보리 於意云何어의운하 如來여래 於燃燈佛어연등불 所有法得소유법득 阿耨多羅三藐三菩提不?아뇩다라삼먁삼보리부?

不也世尊불야세존 如我解佛所說義여아해불소설의 佛於불어 燃燈佛所연등불소 無有法得무유법득 阿耨多羅三藐三菩提아뇩다라삼먁삼보리 佛言불언 如是如是여시여시 須菩提수보리 實無有法如來得실무유법여래득 阿耨多羅三藐三菩提아뇩다라삼먁삼보리

須菩提수보리 若有法약유법 如來得여래득 阿耨多羅三藐三菩提者아뇩다라삼먁삼보리자 燃燈佛연등불 卽不與我授記즉불여아수기 汝於來世여어래세 當得作佛당득작불 號釋迦牟尼호석가모니

以實無有法得이실무유법득 阿耨多羅三藐三菩提아뇩다라삼먁삼보리 是故시고 燃燈佛연등불 與我授記여아수기 作是言작시언 汝於來世여어래세 當得作佛당득작불 號釋迦牟尼호석가모니

何以故하이고 如來者여래자 卽諸法如義즉제법여의

若有人言약유인언 如來得여래득 阿耨多羅三藐三菩提아뇩다라삼먁삼보리 須菩提수보리 實無有法실무유법 佛得불득 阿耨多羅三藐三菩提아뇩다라삼먁삼보리

須菩提수보리 如來所得여래소득 阿耨多羅三藐三菩提아뇩다라삼먁삼보리 於是中어시중 無實無虛무실무허

是故시고 如來說여래설 一切法일체법 皆是佛法개시불법

須菩提수보리 所言소언 一切法者일체법자 卽非一切法즉비일체법 是故시고 名一切法명일체법

須菩提수보리 譬如人身長大비여인신장대

須菩提言수보리언 世尊세존 如來說여래설 人身長大인신장대 卽爲非大身즉위비대신 是名大身시명대신

須菩提수보리 菩薩보살 亦如是역여시 若作是言약작시언 我當滅度아당멸도

無量衆生무량중생 卽不名菩薩즉불명보살
何以故하이고 須菩提수보리 實無有法실무유법 名爲菩薩명위보살
是故시고 佛説불설 一切法일체법 無我무아 無人무인 無衆生무중생 無壽者무수자
須菩提수보리 若菩薩약보살 作是言작시언 我當莊嚴佛土아당장엄불토 是不名菩薩시불명보살
何以故하이고 如來説여래설 莊嚴佛土者장엄불토자 卽非莊嚴즉비장엄 是名莊嚴시명장엄
須菩提수보리 若菩薩약보살 通達통달 無我法者무아법자 如來説여래설 名眞是菩薩명진시보살

저자의 견처

이 「금강경」을 32분으로 나눈 사람이 양나라의 소명태자라고 합니다. 구경무아분은 「금강경」의 시작이자 끝은 무아(無我)라는 말입니다.

여기서 양나라 무제와 달마대사의 이야기를 음미해 보아야 합니다. 양무제가 달마대사에게 내가 많은 절을 짓고 많은 스님들을 공부하도록 하였는데, 그 공덕이 얼마나 크냐고 묻자, 달마대사는 '무공덕'이라고 답합니다.

무엇이 성스러운 진리냐고 묻자, 성스러운 진리는 없다고 답합니다.

그러면 내 앞에 있는 당신은 누구이고 무엇이냐고 묻자, '불식(不識)', 즉 모른다고 답합니다.

내가 없는데, 즉 진짜로 무아라면 무상정등정각, 즉 깨달음이라는 것이 있을 수 없습니다. 그러니 석가모니께서 연등부처님

처소에서 깨달음을 얻은 바가 없다고 말씀하십니다.

그러면 어떻게 하면 깨달을 수 있을까요? 우리가 보는 시각을 진리에 맞추어서 바로 하여야 합니다. 우리가 보는 바로는 해가 동쪽에서 떠서 서쪽으로 집니다.
그런데 진리는, 해는 그대로 있고 지구가 돌고 있는데, 해가 그렇게 움직이는 것 같이 보인다는 말입니다.
우리 눈에는 땅이 평평하게 보입니다. 배가 보이는 먼 바다 끝에 가면 추락할 것 같지만 사실은 지구가 둥글어서 배가 바다 끝까지 가고 또 가면, 배가 지구 한 바퀴를 돌아 출발한 곳으로 되돌아 올 수 있다는 것입니다.

이와 같이 진리라는 것은 우리 눈에 보이는 것과는 다릅니다.
즉, 우리 눈에 나라는 것은 우리 몸이 나요, 나라고 생각하는 것이 나입니다. 그러나 진리는 몸과 마음이 내가 아니라는 것입니다.
그러면 나라는 것은 무엇일까요? 탐구(探究)하고 탐구하면, 이 탐구하는 것이 나라고 합니다. 탐구하는 것은 몸도 아니고 마음도 아닙니다.
탐구를 한 결과 이것이 나이고 진리라고 한다면, 이것은 탐구해 낸 것이므로, 이것은 탐구하는 것과는 다른 것입니다.
그러니까 탐구하는 것은 진리이지만 그것이 무엇인지 모릅니다.

여기서 보보국사께서는 단지불회(但知不會)면 시즉견성(是即見性), 단지 모르면 견성이라고 하신 것입니다. 진리는 모른다고 말씀하신 것입니다.

몸이 나라고 하면 몸이 내가 아니라는 말입니다. 어떤 것이 진리라고 말하면 어떤 것은 진리가 아니라, 진리라는 이름에 불과하다는 말입니다.

그러니까 이것이 하나님이라고 하면 이것은 하나님이 아니고, 하나님이라는 이름에 불과하다는 것입니다. 이것이 부처라고 하면, 이것은 부처가 아니고 부처라는 이름일 뿐이라는 것입니다.

이것이 깨달음이라고 말하면 이것은 깨달음이 아니고, 깨달음이라는 이름일 뿐이라는 것입니다. 그러니까 깨달음은 알 수가 없으므로 추구, 즉 찾을 수가 없는 것입니다.

깨달음을 추구하는 것이 진정한 깨달음이지, 달리 다른 깨달음이 없습니다.

이와 같은 진리만 알면, 지금 깨달음을 찾고 있는 자기가 깨달음인 것입니다. 여러분은 모두 깨달음을 찾고 있으니 그 찾고 있는 자기가 깨달음임을 알면 참 기가 막힐 것입니다.

의식을 가진 존재는 모두 자기가 무엇인지 찾고 있습니다. 찾고 있는 자기가 스스로 자기임을 모르면서 말입니다.

그러므로 "내가 중생을 구제하겠다."는 말은 틀린 말입니다. 중생이 모두 찾고 있는 자이고, 자기도 찾고 있는 자로 동일한 존재인데, 자기는 찾았고 중생은 못 찾았다고 덤비는 것은 어리석은 짓이고, 자기도 모르는 것을 어떻게 다른 사람에게 알게 할 수 있느냐는 말입니다.

소크라테스와 같이 "나는 나를 모른다."고 진실하게 선언해야 합니다.

진리가 진리를 어떻게 찾겠습니까? 다시 말하면 모든 것이 있는 그대로 진리라는 말입니다. 그래서 여기에서 일체법이 불법이라고 하는 것입니다.

나만 나가 아니라, 모두가 나란 말입니다.

이것이 진정한 무아의 뜻입니다. 그러니 나만 따로 무아가 되려고 애쓰지 마세요. 구도자들은 애를 써서 무아가 되려고 합니다. 그러나 이것은 불가능한 일입니다.

자기가 본래 무아인데 어떻게 다시 무아가 되려고 어리석은 짓을 한다는 말입니까?

다만 몸과 마음이 '나'가 아니라, 모르는 것이, 추구하는 것이, 알려고 하는 것이 '나'임을 알기만 하면 됩니다.

모르는 것은 구분이 안 되는 절대성이라고 합니다.

그러나 이 세상은 상대성의 모순으로 나타납니다. 잠을 자려고 하면 밤새 잠을 잘 수가 없습니다. 잠을 자지 않으려고 하면 잠이 쏟아집니다.

그러니까 잠을 생각하면 잠 아닌 것이 나타납니다. 그리고 잘 살려고 생각하면 오히려 잘 살지 못합니다.

생각의 반대 현상이 나타나는 것이 상대성입니다. 행복만 생각하면 그 상대성의 쌍인 불행이 나타납니다. 이것만이 선이라고 생각하면, 그 상대성의 쌍인 악이 나타납니다.

그래서 선악과를 따 먹으면 타락한다고 합니다. 이것, 즉 진리는 선과 악이 없으나, 진리가 이 세상에 나타나기 위해서는 음과 양, 선과 악으로 나타나야 합니다.

그래서 불가에서는 이 모순을 해결하는 방법, 절대성을 표현하는 방법으로 선도 생각하지 말고, 악도 생각하지 말라고 합니다. 그대의 본래 면목은 무엇인지 당신은 누구인지 관(觀)해 보라고 합니다.

즉, 불교는 생각 없음[무념(無念)], '중도'를 종지로 한다는 것입니다.

하나님께는 선과 악이 없습니다. 그런데 세상 사람들은 하나님은 선한 것으로만 압니다. 악도 하나님의 시현(示現), 나타남입니다.

아픔도, 죽음도, 가난함도 모두 상대적인 현상이고, 그것들도 모두 절대, 즉 하나의 님의 시현입니다.

세상은 개별적으로 나뉘어 있는 것이 아니라, 본래 하나가 자기를 나타낸 것들일 뿐이라고 합니다.

개별적인 나는 없습니다. 즉, 무아가 이 「금강경」, 즉 현자들이 가르치는 바입니다.

第十八 一體同觀分 일체동관분
— 모두가 한몸이어서 다름을 볼 수 없도다

> 한글 금강경

"수보리야! 어떻게 생각하느냐? 여래는 육안(肉眼)이 있느냐?"
"그렇습니다. 세존이시여! 여래께서는 육안이 있습니다."
"수보리야! 어떻게 생각하느냐? 여래는 천안(天眼)이 있느냐?"
"그렇습니다. 세존이시여! 여래께서는 천안이 있습니다."
"수보리야! 어떻게 생각하느냐? 여래는 혜안(慧眼)이 있느냐?"
"그렇습니다. 세존이시여! 여래께서는 혜안이 있습니다."
"수보리야! 어떻게 생각하느냐? 여래는 법안(法眼)이 있느냐?"
"그렇습니다. 세존이시여! 여래께서는 법안이 있습니다."
"수보리야! 어떻게 생각하느냐? 여래는 불안(佛眼)이 있느냐?"
"그렇습니다. 세존이시여! 여래께서는 불안이 있습니다."
"수보리야! 어떻게 생각하느냐? 여래가 저 갠지스 강의 모래에 대해서 말한 적이 있느냐?"
"그렇습니다. 세존이시여! 여래께서는 갠지스 강의 모래에 대해서 말하셨습니다."
"수보리야! 어떻게 생각하느냐? 저 갠지스 강의 모래알 수만큼의 갠지스 강들이 있고, 그 모든 갠지스 강들의 모래알 수만큼의 부처님 세계가 있다면, 이와 같은 불세계는 참으로 많지 않겠느냐?"
"그렇습니다. 세존이시여! 참으로 많습니다."
부처님께서 수보리에게 말씀하셨다.

"이렇게 많은 세계 속에 살고 있는 모든 중생들의 갖가지 마음들을 여래는 다 알고 있다.

왜냐하면 여래가 말하는 갖가지 마음은 모두 마음이 아니며 이름을 마음이라 하기 때문이다.

왜 그러한가? 수보리야! 과거의 마음도 얻을 수 없고 현재의 마음도 얻을 수 없으며 미래의 마음도 얻을 수 없기 때문이다."

한문 금강경

須菩提수보리 於意云何어의운하 如來有肉眼不?여래유육안부?
如是世尊여시세존 如來有肉眼여래유육안
須菩提수보리 於意云何어의운하 如來有天眼不?여래유천안부?
如是世尊여시세존 如來有天眼여래유천안
須菩提수보리 於意云何어의운하 如來有慧眼不?여래유혜안부?
如是世尊여시세존 如來有慧眼여래유혜안
須菩提수보리 於意云何어의운하 如來有法眼不?여래유법안부?
如是世尊여시세존 如來有法眼여래유법안
須菩提수보리 於意云何어의운하 如來有佛眼不?여래유불안부?
如是世尊여시세존 如來有佛眼여래유불안
須菩提수보리 於意云何어의운하 如恒河中所有沙여항하중소유사 佛說是沙不?불설시사부?
如是世尊여시세존 如來說是沙여래설시사
須菩提수보리 於意云何어의운하 如一恒河中所有沙여일항하중소유사 有如是沙等恒河유시사등항하 是諸시제 恒河所有沙數항하소유사수 佛世界불세계 如是여시 寧爲多不?영위다부?
甚多世尊심다세존
佛告불고 須菩提수보리

爾所國土中所有眾生이소국토중소유중생 若干種心약간종심 如來悉知여래실지
何以故하이고 如來說여래설 諸心제심 皆爲非心개위비심 是名爲心시명위심
所以者何소이자하 須菩提수보리 過去心과거심 不可得불가득 現在心현재심
不可得불가득 未來心미래심 不可得불가득

저자의 견처

여기에서 여래에게 있다는 육안, 천안, 혜안, 법안, 불안을 말합니다. 여래에게 이런 눈들이 있다면, 우리 모두도 가지고 있는 눈들입니다.

육안은 보는 것이 아닙니다. 단순히 보는 기구입니다.

그러면 보는 것은 무엇일까요? 분명히 보는 것이 있는데, 뭐라고 말할 수는 없습니다.

보는 것은 하나인데 천안, 혜안 법안, 불안으로 나눌 수는 없습니다.

다만 비유입니다. 즉, 우리의 본래 보는 것이 하늘에서 내려다보듯이 전체를 볼 수 있다는 것입니다. 이걸 천안이라고 이름 붙였다고 봅니다.

우리의 보는 것이 육신의 눈에 제한되지 않는다는 뜻입니다.

마음도 마찬가지입니다.

과거, 현재, 미래의 마음을 얻을 수는 없지만, 갠지스 강의 모래알 수만큼 많은 세계가 있다고 가정하더라도 그 세계에 존재하는 모든 중생들의 마음을 전부 알 수 있다는 것입니다.

왜냐하면 본래 마음은 하나이기 때문입니다. 물론 나누어지고 분별하면 수도 없는 마음이 되겠지만, 본래의 마음은 하나라는 것입니다. 하나이기 때문에 알 수 있는 것입니다.

이와 같이 「금강경」의 견처는 믿기 어려운 면이 있습니다. 보

통 사람은 믿지 않을 것입니다.

그러기에 대승(大乘), 즉 큰 것을 탄 사람, 우주 전부를 탄 사람을 위해 설하는 경이라고 합니다.

우주는 하나이므로 자기를 나타낼 수 없기 때문에, 자기를 나타내기 위하여 수없이 많은 생물과 광물 등으로 나누어서 물질세계로 자기를 나타낸다고 합니다.

그러니까 하나의 삼천대천세계를 분쇄하여 먼지로 만들면, 그 먼지가 삼천대천세계가 아닐까요? 먼지가 모여서 삼천대천세계가 되기도 합니다.

이게 빅뱅이론 아닐까요?

의상대사님의 법성게에 일미진중함시방(一微塵中含十方)이라 했습니다. 자그마한 미진(微塵), 먼지 같은 몸 중에 시방세계가 다 들어 있다는 말입니다.

여러분의 몸속에서 시방세계를 찾아보세요. 복제양 돌리의 실험과 마찬가지로 우리 몸의 세포 하나하나가 전체 몸과 같은 것입니다.

그러니까 따지고 보면 나타난 것 모두가 같은 것이라는 말입니다. 나타난 것은 모두 진리 아닌 것이 없다는 말입니다.

第十九 法界通化分 법계통화분
― 이 세상 복덕이라는 것은 실체가 없다

> 한글 금강경

 "수보리야! 어떻게 생각하느냐? 만약 어떤 사람이 삼천대천세계를 칠보로 가득 채워 보시를 한다면 이 사람은 이러한 인연으로 얻을 수 있는 복이 많다고 하겠느냐?"
 "그렇습니다. 세존이시여! 이 사람은 이러한 인연으로 얻을 수 있는 복이 참으로 많다고 하겠습니다."
 "수보리야! 만약 복덕이라는 것이 실체가 있다면 여래는 결코 복덕을 얻음이 많다고 말하지 않았을 것이다.
 복덕이라는 것은 실체가 없기 때문에 여래는 복덕을 얻음이 많다고 말하는 것이다."

> 한문 금강경

須菩提수보리 於意云何어의운하 若有人약유인 滿三千大千世界七寶만삼천대천세계칠보 以用布施이용보시 是人시인 以是因緣이시인연 得福多不?득복다부? 如是世尊여시세존 此人차인 以是因緣이시인연 得福甚多득복심다 須菩提수보리 若福德有實약복덕유실 如來不說여래불설 得福德多득복덕다 以福德無故이복덕무고 如來說여래설 得福德多득복덕다

> 저자의 견처

 복덕이 실체가 없다고 합니다. 모든 사람들이 이 세상에 나와

서 부귀영화를 누리면서 잘 먹고 잘 살려고 바둥거리는데, 복덕이 실체가 없다고 합니다.

이 설법을 과연 진정으로 믿는 사람이 있을까요?

어떤 종교에서는 죽은 후에도 천국에 가서 잘 먹고 잘 살기를 바라는데 말입니다.

육신을 가지고 이 세상에서 누리는 복덕이 과연 영원할까요? 육신이 죽으면 끝 아닌가요?

실체와 현상에 대하여 잘 살펴보라는 것이「금강경」의 가르침입니다. 실체는 나도, 너도 세계도 나누어지지 않은 통체, 절대성으로의 하나였습니다.

이것을 하나의 님이라 합니다.

그런데 현상은 수많은 생물, 수많은 물질, 수많은 세계로 계속 나누어집니다. 생하고 멸합니다.

그러나 실체는 생하거나 멸하지 않습니다. 이 생멸이 없는 실체인 존재를 아는 것이 지식이 아닌 지혜입니다. 지식으로는 알 수 없습니다.

존재하기 때문에 체험은 할 수 있습니다. 이 체험으로 아는 것이 지혜입니다. 여러분은 지금 존재하는 것을 알지 않나요?

잠을 깊이 자면 몸도 없고 마음도 없고 나도 없고 너도 없고 세계도 없습니다. 그러나 잠을 잘 잤다는 존재감은 있습니다.

물론 잠에서 깨어나면 나도 너도 세계도, 모두가 있게 되지만 말입니다.

우리 육신의 죽음도 깊은 잠과 같은 것이 아닐까요? 무엇인가가 존재하는 것으로 있다가 다른 육체를 받아 태어나는 것이 아닐까요?

그러니 무엇인가가 있다는 이 존재감이 실체가 아닐까요? 이 실체를 알면 몸이 죽는다는 공포에서 벗어나서, 자유로워질 수 있는 기쁨이 생기지 않을까요?

이런 것을 소위 깨달음이라고 합니다.

꿈을 꾸면, 그 꿈속에 나도 있고 너도 있고 세계도 있습니다.
그 꿈속에서의 나를 내 마음대로 하지 못합니다.
모든 깨달은 현자들은 우리가 사는 이 세상도 꿈속의 일과 다름이 없다고 합니다. 깨어나면, 깨달으면, 나도 없고 너도 없고 세계도 없는 것임을 안다고 합니다.
실은 이 세상에서도 나라는 것을 내 마음대로 못합니다.
본래 아무것도 없습니다.
자기가 살아서 죽어 봐야, 나라는 것이 아무것도 없음[무아(無我)]을 보아야, 전체가 나임을 보게 됩니다.
이것이 「금강경」의 믿기 어려운 핵심 가르침입니다.

第二十 離色離相分 이색이상분

— 육신으로는 부처를 볼 수 없고,
  이미지로는 여래를 볼 수 없다

한글 금강경

"수보리야! 어떻게 생각하느냐?
부처를 잘 갖춰진 육신의 모습으로 볼 수 있느냐?"
"아닙니다. 세존이시여!
결코 여래를 잘 갖춰진 육신의 모습으로 볼 수 없습니다.
왜냐하면 여래께서 말씀하신 잘 갖춰진 육신이라는 것은 실체로서의 잘 갖춰진 육신이 아니며 그것을 잘 갖춰진 육신이라 이름하기 때문입니다."
"수보리야! 어떻게 생각하느냐?
여래를 거룩한 상호를 갖춘 모습으로 볼 수 있느냐?"
"아닙니다. 세존이시여!
결코 여래를 거룩한 상호를 갖춘 모습으로 볼 수 없습니다.
왜냐하면 여래께서 말씀하신 거룩한 상호를 갖춘 모습이라는 것은 실체로서의 갖춰짐이 아니며 거룩한 상호를 갖춘 모습이라 이름하기 때문입니다."

한문 금강경

須菩提 수보리 於意云何 어의운하
佛可以 불가이 具足色身 구족색신 見不? 견부?

不也世尊불야세존
如來여래 不應以불응이 具足色身見구족색신견
何以故하이고 如來說여래설 具足色身구족색신 卽非즉비 具足色身구족색신
是名시명 具足色身구족색신
須菩提수보리 於意云何어의운하
如來여래 可以가이 具足諸相구족제상 見不?견부?
不也世尊불야세존
如來여래 不應以불응이 具足諸相구족제상 見견
何以故하이고 如來說여래설 諸相具足제상구족 卽非具足즉비구족 是名시명
諸相具足제상구족

> 저자의 견처

붓다께서는 자기의 32상 80종호로는 부처님을 알 수도 볼 수도 없다고 강조하십니다. 즉, 육신이 '나'가 아니라는 가르침을 신도들이 믿지 않기 때문일 것입니다.

지금도 부처님 상호를 부처님으로 모십니다.

그러나 원불교에서는 이제 사람들의 인지가 발달하여 부처님 모습을 모실 것이 아니라, 부처님 마음을 봉안해야 한다고 하면서 일원상을 모십니다.

「능엄경」을 보면 아난존자가 마등가라는 창녀의 꼬임에 넘어가자 붓다께서 왜 깨닫지 못하고 그런 유혹에 넘어가느냐고 나무라면서, 무엇을 보고 출가를 하였느냐고 묻습니다. 아난은 부처님의 광명이 넘치는 육신을 보고 출가하였다고 말합니다.

깨달으신 부처님의 육신은 진리의 형체여서 보통의 우리 육신과는 달랐던 모양입니다. 그래서 32상을 갖추고 80종호를 가지

고 있다고 한 것 같습니다.

　그러면서 아난에게 "무엇이 너인지 찾아보라."고 가르치는 부분이「능엄경」이라고 생각합니다.

　육신이 내가 아니라는 가르침은 기본이었습니다. 왜냐하면 육신이라는 것은 죽으면 사라지는 것이어서 나라고 믿을 수 없음은 자명하기 때문입니다.

　「능엄경」에서 이 몸이 이렇게 늙었고 앞으로 죽을 것이라는 왕의 말에, 갠지스 강을 어릴 때도 보고 늙어서도 보는데, 그 보는 것이 늙었느냐고 하면서, 그 보는 것은 불생불멸한다는 부분에서 뭔가 와닿았습니다.

　또 징 소리를 들어 보라고 하면서, 징 소리는 있다가도 없지만 그 듣는 것, 문성(聞性)은 소리가 있든 없든 항상 하지 않느냐는 말씀에서 무언가를 터득했습니다.

　그러나 몸이 죽으면 끝이라고 생각하는 중생들에게 실체인 진리를 알게 하는 일은 너무나 어려운 작업임에 틀림없습니다.

　「능엄경」한 권이 석가모니께서 아난존자에게 '나'라는 것이 무엇인지를 알게 하는 경전이기 때문입니다.

　그래서 마하리쉬의「나는 누구인가?」라는 책에서 나는 누구인가를 참구해 나가면 모든 생각이 사라지고, 궁극에는 나는 누구인가라는 의문도 사라질 때, 진리에 접할 수 있다는 부분을 중시합니다.

　그래도 생각이 일어날 때는 이 생각이 누구에게서 일어나는가라고 물으면, 나에게라는 답을 얻을 것이고, 그러면 다시 나는 누구인가를 하라고 합니다.

　그리고 40일 후에는 죽을 것이라는 병원의 통고를 받고, 나는 누구인가를 탐구하여 병이 소멸되고 깨달음을 얻어서 장수한 레븐슨의 「깨달음 그리고 지혜」라는 책도 좋습니다.

이 책의 부록 1 여공의 일시적인 깨어남을 읽어 보면, 제가 청혜선원 청혜스님의 가르침으로 나는 아무것도 없다는 사실을 알게 되었을 때 동시에 모든 것이 나라는 체험을 일시적으로라도 하게 되었습니다. 그런데 이 책의 부록 2에서 인용한 케이티의 「당신의 아름다운 세계」의 제1장 법회인유분을 보면 케이티의 "아무것[nothing]도 없어요. 그리고 모두가 하나에요.[oneness]"로 묘사한 부분에서 깨달음의 경지가 어떤 것인지를 짐작할 수 있었습니다.

그리고 발세카의 「담배 가게 성자」라는 책의 실체와 현상 부분도 깊은 감명을 주었습니다.
실체는 본래 아무것도 없기 때문에 자기를 나타낼 수 없지만, 실체가 자기를 나타내기 위하여 수많은 형태의 개별체, 상대적인 현상으로 자기를 투영(投影)한다[나타낸다]는 것입니다.
그러니 모든 현상이 진리 아닌 게 없다는 것입니다.

아래에 케이티의 「당신의 아름다운 세계」 제20장 완벽한 몸[이색이상분(離色離相分)]에 쓰여 있는 케이티의 몸에 관한 경험을 인용하고자 합니다.
우리가 몸을 어떻게 항복 받을 수 있을지를 알게 하는 귀중한 경험들입니다.

1986년 어느 날, 요양원 다락방의 바닥에서 깨어나는 경험을 한 뒤 몇 달이 지났을 때, 나는 소파에 앉아 있다가 일어서려고 했는데, 몸이 움직이지 않았습니다. 내 다리가 마비되었습니다. 다리는 나와 아무 관계도 없는 것 같았습니다. 나는 두 손을 다리에 얹고 친한 옛 친구에게 하듯이 다리에게 얘기를 했습니다. "오, 스윗하트, 너는 오랜 세월 아무 요구도 하지 않고 나를 데리고 다녔어. 다시는 나를 위해 움직이지 않아도 돼. 앞으로 다시는." 다리가 나를 데리고 아주 먼 거리를 다닌 데 대해 말할 수 없는 감사를 느꼈습니다. 그리고 그저 다리와 함께 거기 앉아서 아무런 기대 없이 다리가 무엇을 할지 보려고 기다렸습니다. 45분쯤 지난 뒤 다리는 내가 이전에는 전혀 경험해 보지 못한 수준으로 되살아났습니다. 다리는 내가 아이였을 때보다 더 튼튼하고 생기 있는 것 같았습니다. 마치 새로운 생명으로 다시 태어난 것 같았습니다. 마치 사랑이 너무 매력적이어서 그 사랑과 함께하기 위해 다리가 자기를 넘어서려는 것 같았습니다.

1999년의 어느 날, 나는 '피츠 커피'를 나온 뒤 집에 가려고 차를 운전하여 맨해튼 비치의 35번가로 가고 있었습니다. 라디오에서는 내가 좋아하는 음악이 흘러나오고 있었습니다. 그런데 갑자기 가슴과 팔에 찌르는 듯한 통증이 느껴졌습니다. 통증이 극심했는데 동시에 흥미진진했습니다. 나는 매료되었습니다. 도로에는 차가 꽉 차 있었습니다. 나는 주차할 곳을 찾아 차를 댔습니다. 모든 것이 느린 화면으로 보였습니다. 하늘, 나무, 건물, 운전대를 잡은 나의 손……. 아름다운 날이었습니다. 그녀는 이렇게 죽는 건가? 이게 이야기의 끝인가? 나는 어느 하나도 놓치고 싶지 않았습니다. 마지막 장면이 될 수도 있는 단 한 순간도. 하늘, 건물, 아스팔트, 양손, 운전대, 고요……. 얼마나 큰

은총인가요! 내 안에서는 기쁨이 계속 차오르고 있었고, 통증은 가라앉기 시작했습니다. 통증은 나온 곳으로 돌아갔고, 나는 그걸 보고 소리 내어 웃었습니다. 이야기가 끝나는 것이 좋은 만큼 이야기가 계속되는 것도 좋습니다. 나는 내가 충분히 현존하여 이 아름다운 삶처럼 보이는 것의 한 순간도, 한 호흡도 놓치지 않는 것을 사랑합니다.

第二十一 非說所說分 비설소설분
―진리 아닌 것은 말할 수 있으나
　진리는 말로 설명할 수 없다

> 한글 금강경

"수보리야! 너는 여래가 '나는 마땅히 법을 설한 바가 있다.'라는 생각을 한다고 말하지 말라.

그런 생각은 하지도 말라.

왜냐하면 만약 어떤 사람이 "여래께서는 법을 설하는 바가 있다."라고 말한다면 그는 내가 설한 바의 뜻을 이해하지 못했을 뿐만 아니라 오히려 부처를 비방하는 것이 되기 때문이다.

수보리야! 법을 설한다는 것은 설할 수 있는 법이 본래 없는 것이며, 법을 설한다고 이름하는 것이다."

이때 지혜를 으뜸으로 하는 혜명(慧命) 수보리가 부처님께 여쭈었다. "세존이시여! 미래의 세상에서도 이런 법의 설함을 듣고 믿음을 낼 중생들이 있겠습니까?"

부처님께서 말씀하셨다.

"수보리야! 그들은 중생도 아니고 중생이 아닌 것도 아니다.

어째서 그러한가?

수보리야! 여래는 중생이라는 것이 실체로서의 중생이 아니고 단지 그 이름이 중생이라고 설하느니라."

> 한문 금강경

須菩提수보리 汝勿謂여물위 如來作是念여래작시념 我當有所說法아당유소설법 莫作是念막작시념

何以故하이고 若人言약인언 如來有所說法여래유소설법 卽爲謗佛즉위방불 不能解我所說故불능해아소설고

須菩提수보리 說法者설법자 無法可說무법가설 是名說法시명설법

爾時이시 慧命須菩提혜명수보리 白佛言백불언 世尊세존 頗有衆生파유중생 於未來世어미래세 聞說是法문설시법 生信心不?생신심부?

佛言불언

須菩提수보리 彼非衆生피비중생 非不衆生비불중생

何以故하이고

須菩提수보리 衆生衆生者중생중생자 如來說여래설 非衆生비중생 是名衆生 시명중생

> 저자의 견처

통상 스님들이 대중 앞에서 말씀하시는 것을 설법(說法), 즉 법을 설한다고 합니다. 그런데 여기서 붓다는 자기는 법을 설한 바가 없다고 합니다.

왜 그럴까요?

법이라는 것, 진리라는 것은 설할 수 있는 것이 아니기 때문입니다.

「능엄경」에서는 영생불멸하는 것을 듣는 것, 보는 것이라고 했습니다. 이것을 무엇이라고 말하겠습니까?

예컨대 귀가 듣는 것이라고 설법하면 틀린 말입니다. 이 듣는 것은 귀가 듣는 것이 아닙니다. 귀는 듣는 도구일 뿐입니다.

귀가 듣는 것이라면, 방금 죽은 사람도 귀가 있는데, 왜 듣지 못할까요?

또 보는 것은 눈이 본다고 하면 틀린 말입니다. 눈이 보는 것이 아닙니다. 눈은 보는 도구일 뿐입니다.

그러면 듣는 것, 보는 것이 무엇일까요? 분명히 보는 것이 있으니까 보고, 듣는 것이 있으니까 듣는 것이지만 무엇이라고 특정할 수가 없습니다.

생각하는 것이 있으니까 생각을 하겠지만, 그 생각하는 것이 무엇인지 생각으로는 알 수 없습니다. 생각하는 것이 뇌가 아닙니다. 뇌도 생각하는 도구일 뿐입니다.

그러니까 보는 것, 듣는 것, 생각하는 것은 우리 인식으로는 알 수 없는 것입니다. 이 알 수 없는 것은 어떤 무엇이 있는 것이 아닌, 아무것도 없는 것인데, 어떻게 설명할 수 있겠습니까?

그래서 붓다께서는 설한 법이 없다고 하신 것입니다. 여래가 설한 법이 있다고 말하면 부처를 비방하는 것이라고 했습니다.

자기가 말한 것은 강을 건너는 뗏목과 같은 것이니, 강을 건넜으면 가지고 다니지 말고 버리고 떠나라고 했습니다.

설명은 할 수 없지만 보는 것, 듣는 것, 생각하는 것이 없는 것이 아니라, 이렇게 존재함을 지금 경험하고 있습니다. 이것이 진리의 특징입니다.

그래서 보는 것, 듣는 것, 생각하는 것이라는 말은 이름일 뿐이라는 것입니다. 말뿐이고 그 말이 진실하지는 않다는 뜻입니다.

이것이 「금강경」에서 진리를 표현하는 방법입니다.

나라는 것도 분명히 있기는 있지만, 그 나라는 말이 진정한 나는 아니며, 이름일 뿐이라는 것입니다.

그러니까 설한 법이 없다고 깨우쳐 주는 것입니다. 법을, 진리를 말로 표현할 수 없다는 것을 새삼 깨우쳐 주는 것입니다.

그러니까 보는 것, 듣는 것, 생각하는 것이 분명히 있으니까 보고, 듣고, 생각을 하지만 그것이 무엇인지는 알 수 없습니다. 그렇다고 알 수는 없지만 분명히 지금 작용하고 있으니까, 허망하거나 없는 것이 아닙니다.

그러나 이렇게 알 수 없는 것[진정한 나]을 무시하고, 몸이나 마음을 나라고 생각하면, 그 나라는 생각은 실재하는 것이 아니고, 이름뿐인 허망한 것이 됩니다.

第二十二 無法可得分무법가득분

— 얻을 수 있는 조그마한 진리도 없고,
　얻을 수 있는 깨달음도 없다

한글 금강경

수보리가 부처님께 말씀드렸다.
"세존이시여! 부처님께서 아직 아뇩다라삼먁삼보리를 얻었다는 것은 얻으신 바가 없는 것입니까?
"참으로 그렇다. 수보리야! 여래는 아뇩다라삼먁삼보리에 대해서는 얻을 수 있는 진리가 조금이라도 있을 수 없음에 이르렀기에 이것을 아뇩다라삼먁삼보리라고 이름하는 것이다."

한문 금강경

須菩提수보리 白佛言백불언
世尊세존 佛得불득 阿耨多羅三藐三菩提아뇩다라삼먁삼보리 爲無所得耶?위무소득야?
佛言불언 如是如是여시여시 須菩提수보리 我於아어 阿耨多羅三藐三菩提 乃至아뇩다라삼먁삼보리내지 無有少法可得무유소법가득 是名시명 阿耨多羅三藐三菩提아뇩다라삼먁삼보리

저자의 견처

우리 모두는 재물, 명예, 깨달음을 얻으려고 무척 애를 쓰면서 사는데, 석가모니 부처님께서는 깨달음을 얻은 바가 없다고

하니 놀랄 일 아닌가요?

진리라는 것이 어떤 모습을 가진 것이 아니니, 얻을 수 없기는 하겠지요.

그러나 붓다는 우리와 다른 점이 있을 것인데. 붓다께서는 무유소법(無有少法), 즉 조그마한 법도 얻은 바가 없다고 합니다.

생각해 보니, 무엇을 얻으려면 얻을 주체가 있어야 하는데, 나라는 것은 생각일 뿐이고 실재하는 것이 아니라는 것을 깨달으신 붓다께서 얻을 것이 없다고 하신 것이 이해가 됩니다.

깨달음을 얻겠다고 일생을 바쳐 수행하는 스님들이 많은데, 깨달음은 내가 얻는 것이 아님을 알지 못해서 그런 헛수고를 했다는 것을 깨닫는다면 억울할 것입니다.

깨달음이라는 것은 나라는 생각이 헛것임을 아는 것입니다. 그래서 깨달은 분들은 할 일이 없다고 합니다. 내가 있어야 할 일이 있겠지요.

깨닫겠다고 헛고생하지 마세요. '내가 없다. 따라서 너도 없고, 세상도 없다. 그러니 아무것도 없다.' 다만 진리가 이렇게 나타났다가 사라졌다가 할 뿐입니다.

헛고생하는 것도 진리가 하는 일입니다.

본래무일물(本來無一物)입니다.

무엇을 얻거나, 소유하려고 너무 애쓰지 말고 그냥 "좋다.", "좋다." 하면서 편안하게 사세요.

지금 있는 이대로가 진리, 즉 깨달음의 나타남입니다. 헛것인 내가 좋다, 나쁘다 시비하고 고생고생하면서 삽니다. 헛것인 내가 본래 없는 것인 줄 알면 통쾌하잖아요?

꿈같은 이 세상을 살아감에 있어서, 지금 나라는 사람에게 일어나는 일이 무슨 징조인지를 깨닫고 그에 대하여 합당한 조치를 취하는 것도 참 중요하다고 생각합니다.

세상은 어떤 일이 일어나기 전에 반드시 징조를 보입니다. 제가 서울에서 아무런 걱정 없이 변호사 사무실을 하고 있을 때, 두 달여 동안 수임 사건이 한 건도 없는 경험을 하였습니다. 가지고 있던 돈으로 사무실 적자를 메우면서, 이게 무슨 일인가를 생각할 때, 시·군법원 판사를 임용한다는 기사를 보게 되었고, 그것이 시·군법원 판사로 14년간 근무하게 된 계기가 되었습니다.

사람을 하나 만나는 것도 우연히 만나는 게 아니고, 그 만남이 어떤 사건으로 비화되는 경우가 많습니다.

특히 자기가 생각할 때 정말로 친하다고 생각하는 지인으로부터 턱도 없는 황당한 일을 당했을 때, 그 사람을 원망하거나 다투지 말고, 하늘이 나로 하여금 '나의 앞길을 다른 방향으로 전환하라고 가르치는 징조구나.'라고 생각하고 행동하면 좋은 방향으로 갈 것입니다.

남에게 덕을 베풀었는데 그 사람이 나에게 서운하게 대하는 경우, '그 사람이 나로부터 덕을 받은 것은 그 사람이 복이 있어서 그런 덕을 받은 것이지, 나의 덕이 아니다.'라고 생각하는 것이 본인이나 그 사람을 위하여 좋은 일이 될 것입니다.

第二十三 淨心行善分 정심행선분
— 이 법은 평등하여 높고 낮음이 없다

한글 금강경

"또한 수보리야! 이 법은 평등하여 조금도 높고 낮음이 없기 때문에 아뇩다라삼먁삼보리라고 이름한다.

무아, 무인, 무중생, 무수자가 모든 선한 법을 닦아 곧 아뇩다라삼먁삼보리를 얻게 된다.

수보리야! 이른바 선한 법이라고 하는 것은 여래는 선한 법이라는 실체가 없다고 설한다. 이름이 선한 법이다."

한문 금강경

復次부차 須菩提수보리 是法平等無有高下시법평등무유고하 是名시명 阿耨多羅三藐三菩提아뇩다라삼먁삼보리
以이 無我무아 無人무인 無衆生무중생 無壽者무수자 修一切善法수일체선법 卽得즉득 阿耨多羅三藐三菩提아뇩다라사먁삼보리
須菩提수보리 所言소언 善法者선법자 如來說여래설 卽非善法즉비선법 是名善法시명선법

저자의 견처

이 법은, 즉 이 진리는 평등합니다. 그래서 높고 낮음이 없습니다.

무아, 즉 내가 없어야 하고, 무인, 즉 사람도 없어야 하고, 무

중생, 즉 중생도 없어야 하며, 무수자, 즉 수자(壽者, 목숨)도 없어야 합니다.

여러분은 그렇게 될 수 있습니까?

이 절대 평등의 자리에서 일체선법을 닦아야 무상정등정각을 할 수 있습니다. 그런데 선법이라는 것은 선법이 아니고 이름만 선법이라는 것입니다.

절대 평등한 자리에서 선법, 악법이 있을 수 없습니다. 내가 없는데 무슨 선법, 악법이 있겠습니까? 사람도 없는데 무엇이 선법이고 무엇이 악법일까요? 중생도 없는데, 누구에게 선법이고, 누구에게 악법이라고 할 수 있을까요?

모두가 진리가 하는 법입니다. 이렇게 되어야 평등한 법입니다. 선과 악이라는 분별이 없는 법입니다.

다들 내가 진리를 깨닫겠다고 하니, 진리를 깨달을 수 없는 것입니다. 내가 없는 것이 진리인데, 이 진리를 놔두고 다른 진리를 찾으니 찾아질 리가 없습니다.

나만 없으면 됩니다.

내가 없으니 너도 없고 세계도 없습니다. 이 세상은 무엇입니까? 여몽환포영(如夢幻泡影)이라고 합니다. 믿어집니까?

그러나 믿고 안 믿고의 문제가 아닙니다. 해가 동쪽에서 떠서 서쪽으로 지는 것처럼 보여도, 사실은 해는 움직이지 않고 지구가 움직여서 그렇게 보이듯이 진실이 그러합니다.

우리가 사는 것이 꿈속에서 보는 것과 같습니다. 모든 것이 꿈을 꾸는 내 속에서 일어나는 것입니다.

다만 꿈속에서 꿈속의 나를 어떻게 할 수 없듯이 이 세상 나도 너도 세계도 사실은 내가 어떻게 할 수 없는 것입니다.

다만 꿈을 깨면 모든 것이 사라진다는 것만 알면 됩니다. 꿈속의 일에는 여여(如如, 그런가 보다)하고 부동(不動, 움직이지 않는 것)입니다.

여기에서 케이티의 「당신의 아름다운 세계」 제23장 "감사에는 이유가 없다"에서 "우주의 모든 것을 숫자로 보았던 경험에 대해 더 자세히 말해 주시겠어요?"라는 질문에 대한 케이티의 답변 일부를 인용합니다.

어느 순간, 나는 다시 돌아올 수 없는 곳에 있었습니다. 그곳은 상상할 수도 없을 만큼 너무 멀리 떨어져 있었습니다. 완전한 어둠이 있었고, 거기에는 아무도, 아무것도 없었습니다. 마치 내가 모든 존재로부터 영원히 소외된 것처럼 느껴졌습니다. 어떻게 거기에 갔는지, 어떻게 하면 돌아올 수 있는지 알지 못했습니다. 죽을 수도 없었습니다. 거기에는 존재(있음)의 반대가 없었기 때문입니다. 그곳에는 죽음이 없어서 당신은 영원히 홀로 삽니다. 빛이 없고, 위아래도 없고, 움직일 수도 없고, 아무것도 없습니다. 영원히 아무것도 없고, 나갈 길도 없습니다. 나는 큰 공포를 느꼈습니다.

그런데 그때 질문이 일어나서 그 생각을 만났습니다. "이게 진실인지 내가 정말로 알 수 있는가? 이보다 더 좋은 게 있다는 생각을 믿을 때, 나는 어떻게 반응하는가? 영원에 대한 나의 이야기가 없다면, 나는 누구일까?" 그리고 이러한 탐구로 인해 어둠이 친근해졌습니다. 나는 그 안에서 완전히 현존했고 편안했습니다.

 탐구는 어떤 상태도 수용할 수 있습니다. 그 여행을 한 뒤에는 모든 것이 놀이였고, 몸이 없는 자유였고, 그 모든 것의 춤이자 몸 없음이었습니다.

第二十四 福智無比分 복지무비분
― 복덕과 지혜는 비교할 수 없다

한글 금강경

"수보리야! 만약 어떤 사람이 삼천대천세계에 있는 모든 수미산들을 합쳐 놓은 것만큼의 칠보로 보시를 한다 하더라도 어떤 사람이 이 반야바라밀경 내지 사구게 등을 받아 지니며, 읽고 외워서, 다른 사람에게 설해 준다면 앞의 복덕은 이에 백분의 일에도 미치지 못하고, 백천만억분의 일 내지는 어떤 숫자나 비유로도 능히 미치지 못한다."

한문 금강경

須菩提수보리 若三千大千世界中약삼천대천세계중 所有諸소유제 須彌山王수미산왕 如是等여시등 七寶聚칠보취 有人유인 持用布施지용보시 若人以此般若波羅蜜經乃至약인이차반야바라밀경내지 四句偈等사구게등 受持讀誦수지독송 爲他人說위타인설 於前福德어전복덕 百分不及一백분불급일 百千萬億分乃至백천만억분내지 算數譬喩산수비유 所不能及소불능급

저자의 견처

「금강경」 사구게만이라도 받아 지니며, 읽고 외워서 다른 사람에게 설해 준다면 그 복덕은 삼천대천세계의 수미산들을 합쳐 놓은 것만큼이나 많은 칠보재물을 보시한 사람보다도 그 복덕이 100배나 많다고 강조합니다. 왜 그럴까요?

물질로 보시함은 그 사람이 육신을 가지고 있는 동안만 혜택을 보게 하는 일이지만, 진리를 알게 하는 복덕은 진리를 아는 사람이 영원히 지복(至福)을 가지게 되기 때문입니다.

재물이라는 것은 자기를 내세우고자 하는 욕심과 탐욕을 가진 사람에게나 필요한 것이지, 삶에 있어서 그저 먹고 삶에 필요한 정도의 재물만 있으면 된다는 사람, 재물에 큰 관심이 없는 사람에게는 그렇게 필수적인 것은 아닙니다.

재물이라는 것은 육신의 살과 같아서 아주 없어서도 안 되지만, 너무 많으면 비만체질이 되어 건강한 육신의 삶에 여러 가지 부작용만 가져옵니다.

또 재물을 많이 가진 사람은 언제 그 재물이 없어져 자기가 불행의 늪에 빠질까 전전긍긍하지만, 마음의 만족을 가진 사람은 누구도 그 사람을 위협할 수 없습니다.

몸이 자기라고 생각하는 사람도 언제 이 몸이 없어져 죽으면 어쩌나 전전긍긍하면서, 몸이 있을 때나 잘 살자고 무슨 짓이든 하려고 덤빌 것입니다.

그러나 몸이 자기가 아님을 아는 사람은 죽음이 다가와도 두려워하지 않고 담담하게 살 것입니다.

그래서 나도 없고, 너도 없고 중생도 없고 수자도 없는, 몸과 마음이 '나'가 아니라는 무아의 「금강경」의 진리를 배워서 어떤 경계나 아픔, 죽음이나 가난이 와도 불취어상(不取於相)하여, 즉 상을 취하지 않고, 좋다 나쁘다 시비하지 않고, 여여부동(如如不動)하게, 마음 편안히 평화롭고 담담하게 사는 사람이 진짜 현인이라고 하는 것입니다.

'나'가 없으니, 그럴 수밖에 없지 않을까요?

第二十五 化無所化分 화무소화분
— 여래가 제도할 중생이 없다

한글 금강경

"수보리야! 어떻게 생각하느냐? 너희는 여래가 "나는 마땅히 중생을 제도하리라."라는 생각을 한다고 말하지 말라.

수보리야! 이와 같은 생각을 해서는 안 된다.

왜냐하면 실제로 여래가 제도할 중생이 없기 때문이다.

만약 여래가 제도할 중생이 있다면 여래에게 곧 아상, 인상, 중생상, 수자상이 있는 것이다."

수보리야! 여래가 내가 있다고 설하는 것은 내가 있는 것이 아니지만 범부들은 내가 있다고 여긴다.

수보리야! 범부라는 것은 곧 범부가 아니라고 여래는 설한다."

한문 금강경

須菩提수보리 於意云何어의운하 汝等여등 勿謂물위 如來作是念여래작시념 我當度衆生아당도중생

須菩提수보리 莫作是念막작시념

何以故하이고 實無有衆生실무유중생 如來度者여래도자

若有衆生약유중생 如來度者여래도자 如來여래 卽有즉유 我人衆生壽者아인중생수자

須菩提수보리 如來說여래설 有我者유아자 卽非有我즉비유아 而凡夫之人이

범부지인 **以爲有我**이위유아
須菩提수보리 **凡夫者**범부자 **如來說**여래설 **卽非凡夫**즉비범부 **是名凡夫**시명범부

저자의 견처

진정으로 깨달으신 붓다께서 '내가 중생을 제도하겠다.'는 생각을 한다고 말하지도 말고, 그렇게 생각하지도 말라고 합니다.

깨달은 사람에게는 '나'가 없습니다. 또 깨달은 사람이 볼 때, 깨닫지 못한 중생이 없습니다.

모두가 진리의 나타남으로 평등한데, 내가 있고 중생이 있다고 하면 깨달은 사람이 아닙니다.

그러니까 내가 중생을 제도하겠다, 나는 다른 사람들과 다른 깨달음을 얻었으니 내가 당신들을 깨우쳐 주겠다고 설치는 사람들은 진정으로 깨달은 현인이 아닙니다.

자기가 깨달았다고, 유명해지려고 색과 재물과 명예를 취하려는 사람들을 주의해야 합니다.

진짜로 「금강경」의 진리를 깨닫고, 후대에 기라성 같은 제자들을 배출하신 경허스님께서는 말년에 스님들 사회에서 누릴 수 있는 모든 명예직도 버리고, 홀로 시골에서 아무도 모르게 어린이를 가르치는 훈장 노릇을 하다가 고요하게 임종을 하셨다고 합니다.

또 「능엄경」 마지막 부분에, 여러 가지로 다른 사람들에게 없는 신통을 보이면서 깨달았다고 하는 사람들은 50가지 마귀의 짓을 하는 것이니 절대 주의하라고 경고했습니다.

원불교 대종사께서도 신통력을 가진 2대 정산종사에게, 신통

력을 없애라고 6개월 토굴 수행을 하게 한 후, 진리를 전해 주었다고 들었습니다. 신통력에 현혹되면 안 됩니다.

제가 사법연수원 시절, 초등학교 동창으로 논산에서 초등학교 교사를 하다가 일찍 요절한 아까운 친구 김철준을 만나러 논산에 간 적이 있습니다.

그 친구가 여기 논산에 유명한 도인이 있으니 만나러 가자고 하여 그분을 만나 어떻게 그렇게 유명한 도인이 되셨느냐고 물었습니다. 그러자 그 노인은 자기는 아무것도 아니라며 우리나라는 숨어 사는 진짜 도인들이 많다고 했습니다.

그러면서 6·25 때 중공군이 쳐들어오자 1월 4일경 많은 사람들이 추운 겨울에 남쪽으로 피난을 가게 되었는데 논산의 그 노인 동네의 사람들이 짐을 싸놓고는 그 노인이 피난을 가면 자기들도 가고, 그 노인이 피난을 가지 않으면 자기들도 피난을 가지 않겠다고 기다렸답니다.

논산에 수많은 피난 행렬이 지나가고 있는데 노인이 꿈쩍도 하지 않자, 동네 청년들이 노인을 찾아와서 어떻게 하면 좋겠냐고 묻더랍니다.

그래서 나도 모르겠다고 하고서는 내 부탁을 하나 들어 달라고 했답니다. 저 많은 피난 행렬을 자세히 지켜보다가 이상하고 괴이한 행동을 하는 사람이 있으면 알려달라고 했답니다.

그러자 피난 행렬을 지켜보다가 동네로 돌아온 청년들이 노인에게 괴이한 사람은 보지 못했고, 미친놈만 한 사람 보고 왔다며 지게에다가 가마니 한 닢을 짊어지고 피난가는 사람들을 향하여 "사시오!", "사시오!" 하니 누가 그걸 사겠냐며 미친놈이라고 하더랍니다.

그래서 자기가 이제 피난 보따리는 풀고 편안하게 지내라고 했더니 청년들이 의아해서 말해 주었답니다.
"그 미친놈이 미친놈이 아니고 도인일세! 가르쳐 주지 않는가? "가마니 사세요, 가만히 사세요."라고 말일세."
도인들은 이렇게 가르친답니다.

무학대사께서 지금의 왕십리에 궁궐터를 잡으려고 왔다갔다하는데, 소를 끌면서 쟁기질을 하는 노인이 "이놈의 소, 무학이 같이 미련하다." 하길래 무학대사께서 노인에게 엎드려 공손히 절을 하고 가르침을 달라고 하였답니다. 그러자 경복궁 터 있는 쪽을 가리키면서, "십리 더 가라[왕십리(往十里)]."라고 해서 지금의 경복궁 궁궐터를 잡게 되었다고 합니다.
무학대사도 고명한 도인이지만, 이름 없이 쟁기질하며 농사를 짓던 그 노인이 무학대사보다 더 높은 경지의 도인임을 말해 줍니다.
진정한 도인은 이렇게 자기를 내세우지 않는 것 같습니다.

율곡 선생님도 임진왜란이 일어날 것을 미리 알고, 십만양병설을 주장했지만 아무도 그 말을 듣지 않다가 임진왜란이라는 일본의 끔찍한 침략을 받은 역사가 있습니다.
율곡 선생님은 퇴직 후에도 임진강변에 '화석정'이라는 소나무로 된 정자를 짓고, 사람들을 시켜 그 정자에 들기름을 여러 번 바르게 했답니다.
임진왜란 당시 선조가 황급히 피난가는 길에 밤이 되고 비도 내려 임진강을 건너지 못하고 있었는데, '화석정'에 불을 붙이자 대낮 같이 밝아져서 무사히 임진강을 건너 피난을 갔다고 합니다.

 율곡 선생님은 이렇게 앞날을 훤히 내다보지만 자기가 도인이라고 행세하지 않는 진정한 도인이라고 생각합니다.

第二十六　法身非相分 법신비상분

— 형색으로 나를 보려 하지 말라

한글 금강경

"수보리야! 어떻게 생각하느냐? 32상으로 여래를 볼 수 있느냐?"

수보리가 대답하였다.

"그렇습니다. 세존이시여! 32상으로 여래를 볼 수 있습니다."

부처님께서 말씀하셨다.

"수보리야! 만약 32상으로 여래를 볼 수 있다면 전륜성왕도 곧 여래일 것이니라."

수보리가 부처님께 말씀드렸다.

"세존이시여! 부처님께서 설하신 바의 뜻을 이해하였습니다. 32상으로는 여래를 볼 수 없습니다."

이때 세존께서 게송으로 말씀하셨다.

"형색으로 나를 보려 하거나
음성으로 나를 찾지 마라.
잘못된 길로 가는 사람은
결코 여래를 볼 수 없다네."

한문 금강경

須菩提 수보리 於意云何 어의운하 可以 가이 三十二相 삼십이상 觀如來不? 관여래부?

須菩提言_{수보리언}

如是如是_{여시여시} 以_이 三十二相_{삼십이상} 觀如來_{관여래} 佛言_{불언}

須菩提_{수보리} 若以_{약이} 三十二相_{삼십이상} 觀如來者_{관여래자} 轉輪聖王_{전륜성왕} 卽是如來_{즉시여래}

須菩提_{수보리} 白佛言_{백불언}

世尊_{세존} 如我解佛所說義_{여아해불소설의} 不應以_{불응이} 三十二相_{삼십이상} 觀如來_{관여래}

爾時世尊_{이시세존} 而說偈言_{이설게언}

若以色見我_{약이색견아}

以音聲求我_{이음성구아}

是人行邪道_{시인행사도}

不能見如來_{불능견여래}

저자의 견처

일반적으로 도를 깨달은 사람들은 보통 사람과 모습이 다르고 능력이 달라서 신통력을 가져야 한다고 생각합니다.

그러나 도는, 즉 진리는 평등하여 높고 낮음이 없다는 것이 「금강경」의 가르침입니다.

즉, 나라는 것도 없고, 너라는 것도 없고 세상이라는 것도 없지만, 있는 것[유]은 진리[무]의 나타남 아닌 것이 없다는 것이 깨달은 사람들이 몸으로 체득한 것으로 일반인과 다른 점일 뿐입니다.

그러니까 본래는 아무것도 없는데[nothing], 있는 것은 하나[oneness]의 님이라는 것입니다.

진리는 아무것도 없으니 '무'니 '공'이니 하지만, 우리 이성으로는 알 수 없는 것입니다.

유는 무로 무는 유로
돌고 돌아 지극하면
유와 무가 구공(俱空)이나
구공 역시 구족(具足)이라
[원불교 대종사의 열반게송]

그래서 진리가 무엇이냐고 물으면, '할[소리치기]'을 하기도 하고 몽둥이로 때리기도 하고 '호떡'이라고 하기도 하고 '똥막대기'라고도 하는 것입니다.
　진리 아님이 없다는 말입니다. 진리가 아니면 그와 같은 짓을 못합니다.
　그러니까 진리가 자기를 나타내기 위하여 이 세상, 우주의 만물만상의 모습과 움직임으로 자기를 나타낸다는 것입니다. 진리가 아님이 없으니 따로 찾고, 뭐 할 게 없습니다.
　땔나무하고 물을 긷는 것이 도인의 풍모라고 합니다.
　이 「금강경」에서도 도인이신 석가모니께서 때가 되자 밥 빌어먹고 발 씻고 앉는 것이 도인의 모습임을 보여주고 있습니다.

　모든 사람들이 도인들은 고고하고 신통력이 있어야 한다는 선입견을 가지고 있습니다.
　그러나 도인들도 말년에 암으로 돌아가십니다. 마하리쉬도 마하라지도 말년에 암으로 병을 앓다가 돌아가셨다고 합니다.
　심지어는 예수님 같은 분은 밥 먹고 똥도 싸지 않는 성스러운 분으로 압니다.

「담배 가게 성자」라는 책을 보니,「I AM THAT」이라는 마하라지의 책을 보고 깨달음을 배우겠다고 전 세계 사람들이 마하라지가 사는 인도 시골 다락방을 찾아와서 마하라지를 보고, 저 사람이 도인인지 의심을 한다는 부분이 나옵니다.
그의 모습은 너무나 평범하고 담배도 피웠다고 합니다.

「능엄경」에 다른 사람과 다른 50가지 능력을 뽐내면서, 자기가 깨달았다고 폼 내는 사람은 마귀의 짓이니, 따르지 말라고 석가모니께서 강조한 대목이 나옵니다.
물론 같은「능엄경」에 아난존자가 "석가모니께서 다른 사람과 달리 금색 빛이 나는 몸을 지니고 있음을 보고, 자기가 출가했노라."고 말씀하는 대목이 나오고, 몸뚱이가 '너'나 '나'가 아니라는 붓다의 가르침 부분이 나오기는 합니다.
그러나 이「금강경」에서는 석가모니께서 가진 32상, 몸의 좋은 모습으로 여래를 볼 수 없다고 강조한 대목이 여러 번 나옵니다.

몸이라는 것이 '나'가 아니기는 합니다만, 이 몸이라는 것이 없으면 법신도 아무런 작동을 할 수 없는 것이 현실입니다.
그런데 내 몸이라는 것이 부모님이 없었다면 이 세상에 나오지 못했을 것이고, 이 세상 의식주가 없다면 이 몸을 유지할 수가 없을 것이니, 부모님과 이 세상 만물만상에게 늘 감사드리며 사는 일은 당연한 인간의 본분이라고 생각합니다.
그런데 요즈음 어떤 이유에서든 돌아가신 조상님들에 대한 추모나 존경의 마음이 없어지는 것은 참 안타까운 일입니다.
심지어 돌아가신 조상님께 존경의 절을 올리지 못하도록 하는 가르침은 좀 심하다고 생각합니다.

그렇다면 몸이 살아 있을 때만 부모님이고, 몸이 사라지면 부모라는 인연도 사라진다는 말인데, 예수님의 몸도 사라지지 않았나요?

예수님께서 몸을 가지고 이 세상에 사실 때, 맺은 제자와 스승 사이의 인연을 소중하게 생각하지 않나요?

이 세상 몸을 가지고 있지 않은 예수님의 어머니 성모 마리아를 추앙함은 어떤 연고인가요?

이 세상 몸을 가지고 있지 않은 부처님을 추앙함이 꼭 미신만일까요?

이 세상 몸을 가지고 있지 않은 부모님을 추앙함이 꼭 미신만일까요?

저는 천주교에서 종교적 신념으로 "조상님들에 대한 제사에서 절을 하지 않겠다."고 하여 사형 당하신 분들을 성인으로 추대하고, 교황청으로부터 한국의 신자들은 제사를 올릴 때, 조상님들께 절을 해도 괜찮다는 승락을 받아 낸 고 김수환 추기경님을 진정한 성인이라고 생각합니다.

서울에서 변호사를 할 때, 시골집에 내려가니 어떤 연유인지 집 안에 굿판이 벌어졌습니다. 어머님께서 "큰아들은 굿에 끝까지 참여해야 한다."고 해서, "어머님께서 하시는 일이니, 저는 굿에 끝까지 참여하겠지만 우리 집안에서 굿을 한 적은 없지 않습니까?"라고 말씀드렸습니다.

다행히 장구나 꽹과리, 징, 북 등을 치는 일은 없었고 하얀 옷을 입은 두 남자분이 정성스럽게 절을 하며 빌고 있었습니다.

그러다가 "할머니께서 오셨다."고 하면서 몇 마디 말을 하다가 중단하고, 조금 있다가 "아버지께서 오셨다."고 몇 마디 하다가 중단하였습니다.

그러면서 그중 한 분이 저를 밖으로 불러내더니. 이 집안에서 억울하게 죽은 분이 있느냐고 물었습니다. 내가 삼십 세이니 약 900년 된 집안에서 억울하게 돌아가신 분이 없을 수 없겠지만, 내가 사는 동안에 억울하게 돌아가신 분은 없다고 했습니다. 이유를 물었더니 누군가가 할머니나 아버지 영혼을 못나가게 한다는 것이었습니다.

한참을 절을 하면서 빌더니 중시조 할아버지가 오셨다면서, 우리 집안은 당신들 같은 사람들이 와서 굿을 할 집안이 아니니 굿을 그만 두라고 했습니다.

저는 이 사람들이 꾀를 내는 모양이구나 생각하고 있었는데, 그 사람이 저를 쳐다보면서 "네가 큰아이냐? 이놈아, 우리 집안 6대가 벼슬이 없어서 너를 법관에 보내 놓았더니, 왜 그렇게 빨리 그만 두었느냐?" 하고 나무라는 것이었습니다.

정신이 번쩍 들었습니다. 왜냐하면 제가 아들에게 보여주기 위하여 우리 집안 직계 30대 조상님들의 존함과 벼슬을 족보를 보면서 정리했는데 저의 직계 6대조는 벼슬이 없었음을 저도 알고 있었기 때문입니다. 저의 집안 6대가 벼슬이 없었음을 저 사람들이 알 수 있는 내용은 아니었습니다.

저도 모르게 "잘못했습니다." 하고 절을 했습니다. 그러자 "너만을 위해 내가 공직을 그만두지 않은 것을 나도 안다. 작년에 내가 씨를 다시 심었느니라."라고 하여 "감사합니다." 하였고 그렇게 굿은 끝났습니다.

작년은 저의 아들이 서울법대에 합격한 해였습니다.

제가 직접 경험한 것이니, 믿고 안 믿고는 자유입니다만 변호사 시절 시골을 떠나, 서울로 사무실을 옮기기 전 시제를 모시는 조상님들의 묘소를 전부 정비를 하고 올라왔습니다. 최근에는 종중산과 별개의 땅이 시에 수용되었고 제가 종중 회장으로 선임되면서 그 돈으로 시제를 모시는 선산 정비를 30년 만에 다시 하였습니다. 멧돼지 침범을 방지하기 위하여 묘소 주위에 펜스 시설을 했으며, 방치되어 있던 산지기의 집을 제사를 모실 수 있는 간단한 제각으로 리모델링하였고, 종중의 내력을 알리는 간판도 만들어 달았습니다.

돌아가신 조상님들도 살아계실 때와 똑같이 마음으로 모시고, 그분들의 삶을 추모하고 배워야 한다고 생각합니다.

第二十七　無斷無滅分 무단무멸분
―끊어지고 멸하여 아무것도 없다는 견해,
즉 죽으면 그만이라는 생각을 내지 말라

한글 금강경

 "수보리야! 내가 만약 '여래가 상을 구족하지 아니한 까닭으로 아뇩다라삼먁삼보리를 얻은 것이다.'라는 생각을 한다면

 수보리야! '여래가 상을 구족하지 아니한 까닭으로 아뇩다라삼먁삼보리를 얻은 것이다.'라는 생각을 하지 마라.

 수보리야! 너는 '아뇩다라삼먁삼보리를 구하는 사람은 모든 법이 끊어져서 소멸해야 한다는 견해를 말한다.'라는 생각을 하지 마라.

 왜냐하면 아뇩다라삼먁삼보리의 마음을 낸 사람은 법에 있어서 단멸의 견해를 말하지 않기 때문이다."

한문 금강경

須菩提수보리 汝若作是念여약작시념 如來여래 不以具足相불이구족상 故得고득 阿耨多羅三藐三菩提아뇩다라삼먁삼보리

須菩提수보리 莫作是念막작시념 如來여래 不以具足相불이구족상 故得고득 阿耨多羅三藐三菩提아뇩다라삼먁삼보리

須菩提수보리 汝若作是念여약작시념 發阿耨多羅三藐三菩提心者발아뇩다라삼먁삼보리심자 說諸法斷滅설제법단멸 莫作是念막작시념

何以故하이고 發阿耨多羅三藐三菩提心者발아뇩다라삼먁삼보리심자 於法不

說斷滅相어법불설단멸상

> 저자의 견처

아상, 인상 중생상, 수자상을 가지면 보살이 아니라고 그렇게 강조해 놓고 여기서는 깨달은 사람, 즉 여래는 아상, 인상, 중생상, 수자상 등의 상을 구족하지 않아서 깨달았다고 하지 말라고 합니다.

원불교에서는 진리는 원만구족(圓滿具足)이라고 합니다. 즉 모든 것을 다 갖추고 있다는 것입니다. 모두가 진리라면 진정한 나는 원만구족한 것이어야 합니다.

전체가 나인데 어찌 부족한 것이 있겠습니까? '부족한 것이 있다.'는 생각은 분리된 개체의식[에고]에서나 가질 수 있는 것입니다.

다음 깨달은 사람은 '이 몸이 죽어버리면 끝'이라는 단멸상을 말하지 않는다는 것입니다. 물론 항상 한다는 말도 하지 않습니다.

즉, 무엇이 항상 있어서 천국에도 가고 지옥에도 간다는 말도 하지 않는다는 것입니다.

'진정한 나', '진리'는 아무것도 없는데, 어떻게 시작이 있고 끝이 있겠습니까? 무엇이 있어야 천국도 가고 지옥도 갈 것 아닙니까?

그러나 '나'라는 것이 있다고 착각하면, 착각의 천국이나 착각의 지옥을 갈 수는 있을 것입니다..

그래서 지나간 기억이라는 것은 생각 속에만 있고, 실재는 없는 것이라는 확고한 인식이 절대로 필요합니다.

나는 없다[무아(無我)]는 확신이 절대로 필요하다는 말입니다.
과거심(過去心)도 불가득(不可得)이요, 현재심(現在心)도 불가득(不可得)이요, 미래심(未來心)도 불가득(不可得)입니다.
다 버려야 합니다. 버릴 나도 없지만 말입니다.

우리는 모두 몸의 죽음[단멸(斷滅)]을 두려워하고, 몸의 죽음에 대하여 이야기를 하면 거부 반응을 보입니다.
그러나 케이티의 「당신의 아름다운 세계」 제29장에서 죽음을 눈앞에 둔 사람 중 일부는 참된 자신이 누구인지 모르는 척 가장하는 짓을 그만 두는 경우가 있다고 합니다.
"나는 이미 죽었습니다." 이것이 진실을 말하는 한 가지 방식이라고 합니다.

죽음은 '무'입니다. 죽어가는 이들과 대화할 때, 그런 진실을 이야기해도 그들이 겁먹지 않는 경우가 있다고 합니다.
말기 암인 친구의 임종 자리에서 케이티는 "내가 한 가지 약속할 수 있는데, 죽음은 결코 일어나지 않아요. 이 말에 의지해도 됩니다."라고 말해 주었다고 합니다.

또 이 책 제20장에서 케이티는 아래와 같이 말합니다.
사람들은 죽는 걸 두려워합니다. 죽는 법을 모른다고 생각합니다. 그렇지만 진실은, 누구나 죽는 법을 안다는 것입니다. 우리는 살아 있는 동안 매일 밤 완벽하게 죽습니다. 당신이 완전히 녹초가 되어 밤을 맞이했다면, 잠을 자려 할까요? 아니면 깨어 있으려 할까요? 도무지 경쟁이 안 됩니다. 우리는 매일 밤 자신을 그렇게 소멸시킵니다. 그리고 잠을 자지 못하면 기분이 좋지 않고, 수면 부족이 심해지면 미칠 것 같은 상태가 될 수도 있습니다. 우리는 무엇으로 깨어나나요? 마음입니다. 마음은 마음으로 깨어납니다. 만일 우리의 생각을 사랑한다면, 우리가 깨어 있는 것[있음]만큼 자는 것[없음]을 사랑합니다.

第二十八　不受不貪分 불수불탐분
— 참된 보살은 복덕을 받으려 하지도 않고, 탐하지도 않는다

한글 금강경

"수보리야! 만약 어떤 보살이 갠지스 강의 모래알 수만큼의 세계에 가득찬 칠보로 보시를 한다면, 만약 또 어떤 보살이 있어 일체의 법은 실체가 없다는 무아를 알아서 생멸이 본래 없음을 깨닫는다면 이 보살은 앞의 보살이 얻는 공덕을 훨씬 더 뛰어넘게 된다.

왜냐하면 수보리야! 모든 보살은 복덕을 받지 않기 때문이다."

수보리가 부처님께 여쭈었다.

"세존이시여! 어째서 보살이 복덕을 받지 않습니까?"

"수보리야! 보살은 응당 지은바 복덕에 탐착하지 않는다. 그러므로 복덕을 받지 않는다고 말하는 것이다."

한문 금강경

須菩提수보리 若菩薩약보살 以滿이만 恒河沙等世界항하사등세계 七寶持用 布施칠보지용보시 若復有人약부유인 知지 一切法無我일체법무아 得成於忍득성어인 此菩薩勝차보살승 前菩薩所得功德전보살소득공덕 何以故하이고 須菩提수보리 以諸菩薩이제보살 不受福德故불수복덕고 須菩提수보리 白佛言백불언 世尊세존 云何菩薩운하보살 不受福德불수복덕

須菩提_{수보리} 菩薩_{보살} 所作福德_{소작복덕} 不應貪着_{불응탐착} 是故說_{시고설} 不受福德_{불수복덕}

> 저자의 견처

우리나라의 부자로 말하면 고 정주영 씨나 고 이건희 씨일 것 같습니다. 갠지스 강의 모래알 수만큼의 세계에 가득찬 칠보로 보시한 사람들이겠지요.

그러나 그보다 더 복덕이 많은 사람이 있으니, 일체법무아(一切法無我)를 안 사람이라고 했습니다.

그러나 정주영 씨나 이건희 씨도 자기만 알고, 함께 잘 살려는 마음이 없었다면 그러한 부를 누리지 못하였을 것입니다.

자기가 '무아'임을 아는 현자는 '나'가 없으므로, 그런 복덕을 받을 사람이 없으니 그런 복덕을 받으려고도 하지 않을 것이고, 그런 복덕을 받으려고 탐하고 집착할 일이 없을 것입니다.

욕심이 사망을 낳는다고 했습니다. 그러나 지족안분을 하는 삶에는 내가 '무아'임을 아는 지혜와 많은 인내가 필요합니다.

第二十九 威儀寂靜分 위의적정분
— 진리는 오고감이 없다

한글 금강경

"수보리야! 만약 어떤 사람이 "여래는 가기도 하고 오기도 하며 앉기도 하고 눕기도 한다."고 말한다면 이 사람은 나의 가르침을 전혀 이해하지 못한 것이다.

왜냐하면 여래는 어디로부터 오거나 어디로 가는 바가 없기 때문이다.

그러므로 여래라고 이름하는 것이다."

한문 금강경

須菩提수보리 若有人言약유인언 如來여래 若來약래 若去약거 若坐약좌 若臥약와 是人시인 不解我所說義불해아소설의
何以故하이고 如來者여래자 無所從來무소종래 亦無所去역무소거
故名如來고명여래

저자의 견처

여래. 즉 진리라는 것은 오거나 가거나 앉거나 눕지도 않는다고 합니다. 몸이 가거나 오거나 앉거나 눕거나 하는 것입니다. 그러니 몸이 여래. 즉 진리는 아니라는 말씀입니다.

생각도 생겼다가 사라집니다.

제행무상(諸行無常)이요, 시생멸법(是生滅法)이라.

생멸멸이(生滅滅已)하면, 적멸위락(寂滅爲樂)이라.

진리는 오거나 가는 거래(去來)가 없는 것입니다. 진리는 나거나 죽는 것[생멸(生滅)]이 아닙니다.

그래서 진정한 나, 참나는 생사, 즉 나거나 죽는 것이 아니라고 합니다. 그러나 눈이 눈을 보지 못하듯이, 진정한 나는 자기를 알 수 없습니다.

진정한 나는 '무', 아무것도 없는 것과 같은 존재이기 때문입니다.

그러니 이를 알겠다고 헛고생하지 마세요. 마음만 고요히 갈아 앉으면 경험은 할 수 있다고 합니다. 나와 멀리 떨어져 있는 존재가 아니기 때문입니다.

지금 이렇게 보고 있고, 이렇게 듣고 있으며, 이렇게 생각하고 있고, 이렇게 알고 있기 때문입니다. 그 보이는 것, 들리는 것, 생각되는 것, 알게 되는 것 등 그 내용물을 가지고 왈가왈부, 분별시비만 하지 않으면 됩니다.

케이티 「당신의 아름다운 세계」의 제29장에서는 이렇게 이야기합니다.

내가 현실로 깨어난 뒤, 몇 달이 지났을 때 전남편 폴이나 내 아이 중 하나가 때때로 물었습니다. "어디로 갈 건가요?" 간다, 간다…… 그게 무슨 뜻이지? 내가 온 적이 없는데, 어떻게 갈 수 있지? 나는 진실을 말해야 했는데, 그런 질문에 어떻게 대답할 수 있었을까요? 정직하게 대답한다면, "나는 가지 않아요. 오지도 않아요. 나는 당신의 꿈같은 감각에 보이는 것이 아니에요."라고 말했을 것입니다.

진리는 이러합니다만, 이를 철저히 깨달아서 의심이 없이 윤회를 면하는 사람이 얼마나 될까요?

그래서 「법화경」에 아미타부처님 세계를 말씀하셨고, 원효대사께서 「유심안락도(遊心安樂道)」에서 아미타국 극락세계에 대하여 자세히 논술하셨다고 생각합니다.

극락세계는 우리가 일반적으로 아는 천국과 같이 놀고먹는 화려한 곳이 아닌 것 같습니다.

이 세상에 의식의 수준에 따른 9류 중생이 있듯이, 극락세계도 9개의 그룹으로 나누어져 있고 공부하는 곳이라고 합니다.

저도 제대로 된 공부를 하기 위하여 극락세계에 가고 싶은 것이지, 놀고먹고 아무 고통도 없이 화려한 대접을 받기 위하여 가고자 하는 것은 아닙니다.

고통이 있다는 것은 진리에서 벗어나, 길을 잘못 가고 있다는 신호일 뿐이니, 고통도 잘 생각해 보면 그 생각이 진실한지를 탐구하게 하는 쓸모가 있는 것입니다.

진실은 나라는 것이 없다면, 생각도 없고, 너도 없고, 세계도 없으므로, 그 없는 나[무(無)]와 따로 떨어진 부처나 하나님, 천국이나 지옥, 극락세계가 따로 있을 수가 없습니다.

늘 변하여 실재로는 없는 형체가 있는 나[유(有)]와 형체가 있는 부처, 하나님, 천국, 지옥이 따로 있는 것 같지만, 이런 형체가 있는 부처, 하나님, 천국, 지옥 같은 것들도 늘 변하여 실재로는 없는 것들입니다.

그래서 형체가 있는 것들은 실재로는 없는데, 있는 것 같이 보이는 이름뿐이라는 것이 「금강경」의 가르침입니다.

진정한 나는 형체가 없는 nothing이고, 너나 세계는 형체가 있는 something입니다. something은 nothing과 같은 것입니다.

'유'와 '무'는 이름만 다를 뿐 같은 것입니다. 모든 것들이 '유'도 아니고, '무'도 아니어서, 알 수 없는 '이것' 아닌 게 없다는 말입니다.

또 특별히 원효대사께서 '아미타불' 이름만 열심히 염불하면 지옥에서라도 구제하여 주겠다고 가르치신 연유가 아래와 같다고 합니다.

사람들만 만나면 "대안(大安)!", "대안!"하시는 대안스님께서, 국사 노릇을 하는 원효대사에게, "원효스님, 저를 만나주세요."라며 따라다니는 바람에 한 번 만나주었는데, 원효대사를 모시고 주막에 갔더랍니다.

주막에 가서 주모에게 자기와 원효대사에게 술을 따르라 한 뒤 자기는 술을 한 잔 맛있게 먹고는 술을 마시지 않으려는 원효대사에게 "일체유심조이니 술이라고 하면 못 마시겠지만 곡차라고 하면 마실 수 있지 않겠습니까? 스님, 곡차 한 잔 하세요."라고 하자 원효대사께서 할 수 없이 술을 마셨답니다.

그러자 대안스님이 주모에게 "당신은 이제 큰일 났소. 스님에게 술을 따르고 마시게 한 사람은 지옥에 떨어질 것이오."라고 하자, 그 주모가 "대안스님, 걱정하지 마세요. 원효대사가 나를 구제해 줄 것인데, 무슨 걱정을 그리하십니까?"라고 했답니다.

그러자 원효대사가 이 말을 듣고 자기에게 그 주모를 구제할 능력이 있는지 반성하게 되었다고 합니다. 그리하여 다시 공부한 것이 아미타경인데, 그 후 「유심안락도(遊心安樂道)」를 저술

하고 결혼도 하고 아들도 낳았으며, 광인처럼 술을 마시고 돌아다니면서 "아미타불 염불만 하면, 내가 그 사람을 지옥에서라도 구제해 주겠다."고 말하고 다녀 불교가 귀족불교에서 대중불교가 되었다는 설화가 있습니다.

저도 '나무아미타불' 염불의 위대한 신통력을 직접 체험해 본 바가 있습니다.

2020년 5월 12일 새벽 4시 40분, 93세의 어머님께서 열반하셨습니다. 5월 11일 어머님께서 심상치 않다는 소식을 듣고, 오후에 어머님 계신 집에 도착하였는데, 어머님은 잠시 깨어났다가 또 주무시곤 하셨습니다. 마침 인연이 있는 스님이 와 주셨는데 큰아들로서 할 수 있는 일이라고는 어머님의 극락왕생을 비는 길밖에 다른 일이 없었습니다.

어머님께서 깨어나 눈을 뜨실 때마다, 제가 스님과 함께 어머님 머리맡에서 '나무아미타불' 염불을 소리 내어 계속하였습니다. 잠깐 쉬다가 또 하기를 반복하면서, '많은 고생을 하시다가 가시는 어머님을 극락정토로 가게 해 주세요.'라고 빌었습니다.

어머님께서 영면한 시간은 새벽 4시 40분. 장례식장과 상의하여 9시에 장례식장으로 운구하고, 장례 절차를 밟았습니다.

2020년 5월 14일 11시 장지(葬地)에서 하관식을 하게 되었는데, 저는 장지에 도착하여 계속 하늘을 쳐다보면서 마음속으로 '나무아미타불'을 염불하면서 어머님의 극락왕생을 빌었습니다.

상주들이 삽으로 흙을 떠서 관 위로 세 번씩 뿌리기 전 하늘을 올려다보았습니다.

그런데 하늘에 구름이 갈라져서 동그랗고 파란 하늘이 나타났습니다. 저는 주위 사람들에게 하늘을 보라고 했습니다. 어떤 사람이 "하늘 문이 열렸다."고 하였습니다. 저희 가족들은 어머님께서 극락으로 승천하심을 알게 되었습니다.

믿고 안 믿고는 자유이나 제가 직접 체험한 사실입니다. 법관까지 한 사람이 거짓말을 할 이유가 없습니다. 이 하늘의 현상을 직접 목격한 사람들이 지금도 전부 살아 있습니다.

第三十　一合相理分 일합상리분
― 하나로 합쳐진 모습은 말로 설명할 수 없다

한글 금강경

"수보리야! 만약 선남자 선여인이 삼천대천세계를 부수어 작은 먼지로 만든다면 이 먼지들이 많다고 하겠느냐?"

"참으로 많습니다. 세존이시여!

왜냐하면 이 먼지들이 실제로 있는 것이라면 부처님께서는 먼지라고 말씀하지 않으셨을 것입니다.

부처님께서 말씀하신 먼지란 본래 먼지가 아니기 때문에 그렇게 이름하는 것입니다.

세존이시여! 여래께서 말씀하시는 삼천대천세계도 곧 세계가 아니기 때문에 세계라고 이름하는 것입니다.

왜냐하면 만약 세계가 실제로 있는 것이라면 그것은 하나로 합쳐진 모습일 것이고 여래께서 말씀하신 하나로 합쳐진 모습도 하나로 합쳐진 모습이 아니고, 다만 하나로 합쳐진 모습이라고 이름하는 것입니다."

"수보리야! 하나로 합쳐진 모습이라는 것은 말할 수 없는 것인데 다만 범부들이 그 현상에 집착할 뿐이니라."

한문 금강경

須菩提수보리 若善男子약선남자 善女人선여인 以이 三千大千世界삼천대천세계 碎爲微塵쇄위미진 於意云何어의운하 是微塵衆시미진중 寧爲多不?영위다부?

須菩提言수보리언 甚多世尊심다세존

何以故하이고 若是微塵衆약시미진중 實有者실유자 佛卽不說불즉불설 是微塵衆시미진중

所以者何소이자하 佛說微塵衆불설미진중 卽非微塵衆즉비미진중 是名微塵衆시명미진중

世尊세존 如來所說여래소설 三千大千世界삼천대천세계 卽非世界즉비세계 是名世界시명세계

何以故하이고 若世界약세계 實有者실유자 卽是一合相즉시일합상 如來說여래설 一合相일합상 卽非一合相즉비일합상 是名一合相시명일합상

須菩提수보리 一合相者일합상자 卽是不可說즉시불가설 但凡夫之人단범부지인 貪着其事탐착기사

저자의 견처

삼천대천세계를 부수어서 먼지 티끌로 만들면 모두 먼지가 되겠지만, 그 먼지 티끌들과 삼천대천세계는 본래 같은 것입니다. 형상만 달라지지요. 그래서 의상대사님의 법성게에 일미진중함시방(一微塵中含十方), 즉 조그마한 하나의 티끌 속에 시방세계가 다 들어 있다고 하신 것입니다.

과학적으로도 복제 양 돌리라는 것이 있는데, 한 마리 양의 세포 하나를 분리해서 키우면, 본래의 양과 똑같은 양으로 자란다고 합니다.

우리 몸의 세포도 하나를 분리하여 키우면 우리 몸과 똑같이 된다는 말입니다. 그러니까 우리 몸 전체가 우주 몸의 세포와 같은 것이라면, 우리 몸 전체를 키우면 우주의 몸과 똑같이 될

수도 있다는 말입니다.

그러니까 티끌이라는 것, 세계라는 것이 실재하는 것이라고 말할 수 없고 이름뿐이라는 것입니다.

우리 인간도 진리 하나가 삼천대천세계로 나누어지는 과정 중의 한 작은 티끌이라면 믿겠습니까? 이 진리 하나가 진정한 나, 참나라면 믿겠습니까?

이 진정한 나, 참나가 몸도 아니고 생각도 아니며 이것이다, 저것이다 나누어서 분별만 하지 않으면, 이렇게 '모든 것을 보는 것', '모든 소리를 듣는 것', '모든 생각을 하는 것', '모든 것을 아는 것'이라면 믿겠습니까?

삼천대천세계의 실체는 하나, 진리, 일합상(一合相)이겠지만, 이것은 보이지도 않고, 있는 것 같지도 않기 때문에 무엇이라고 말할 수도 없는 것인데, 범부들은 이것을 알려고만 하고 보기를 원합니다.

즉, 깨닫겠다고 헛고생을 한다는 말입니다.

원불교의 일원상(一圓相) 진리를 대종사께서 열심히 묘사해 놓았습니다. 우리 생활이 곧 불교라고 말입니다.

처처불상(處處佛像)이니, 사사불공(事事佛供)하듯이 하라고요. 나, 너, 세계 모두가 부처님의 나타남이니, 불공하듯이 겸손하고 공손하게 모시라고 합니다.

第三十一 知見不生分지견불생분

— '이것이 법이다.'라는 견해를 내지 말라

한글 금강경

"수보리야! 어떤 사람이 내가 아견, 인견, 중생견, 수자견을 설하셨다고 말한다면, 수보리야! 어떻게 생각하느냐?

이 사람이 내가 말한 뜻을 이해했다고 할 수 있겠느냐?"

"세존이시여! 이 사람은 여래께서 말씀하신 뜻을 이해하지 못하였습니다.

왜냐하면 세존께서 말씀하신 아견, 인견, 중생견, 수자견은 곧 아견, 인견, 중생견, 수자견이 아니며, 단지 그 이름이 아견, 인견, 중생견, 수자견일 뿐입니다."

"수보리야! 아뇩다라삼먁삼보리의 마음을 낸 사람은 모든 법에서 이와 같이 알고, 이와 같이 보며, 이와 같이 믿고 이해해서 법이라는 모습에 사로잡히지 말아야 한다.

수보리야! 이른바 법의 모습이라는 것은 법의 모습이 아니므로 이름이 법의 모습이라고 여래는 설하느니라."

한문 금강경

須菩提수보리 若人言약인언 佛說불설 我見아견 人見인견 衆生見중생견 壽者見수자견 須菩提수보리 於意云何어의운하
是人解我所說義不?시인해아소설의부?
不也世尊불야세존 是人시인 不解如來所說義불해여래소설의

何以故하이고 世尊說세존설 我見아견 人見인견 衆生見중생견 壽者見수자견 卽非즉비 我見아견 人見인견 衆生見중생견 壽者見수자견 是名시명 我見아견 人見인견 衆生見중생견 壽者見수자견
須菩提수보리 發阿耨多羅三藐三菩提心者발아뇩다라삼먁삼보리심자 於一切法어일체법 應如是知응여시지 如是見여시견 如是信解여시신해 不生法相불생법상
須菩提수보리 所言소언 法相者법상자 如來說여래설 卽非法相즉비법상 是名法相시명법상

저자의 견처

아견, 인견, 중생견, 수자견의 기초는 아견, 즉 나라는 생각입니다. 나라는 생각이 있어야 너라는 생각이 있고 세계라는 생각이 있습니다.

생각은 개념일 뿐이고, 사실은 실체가 없는 것입니다. 왜 실체가 없느냐 하면 늘 변하기 때문입니다. 그래서 생각을 헛것[환(幻)]이라고 합니다.

그런데 우리는 생각에 좌우되어 삽니다. 좋다는 생각이 들면 어떻게든 내 것으로 만들려고 집착하고, 나쁘다는 생각이 들면 어떻게든 배척하고 미워합니다.

즉, 헛것인 생각에 매달려 울고불고하며 산다고 볼 수도 있습니다.

그래서 「금강경」에서는 모든 것이 이름일 뿐이라고 강조합니다. 즉, 우리가 보는 대상[모든 것]이 개념이고 헛것인 생각, 즉 상(相), 이미지일 뿐이라는 것입니다.

이런 생각을 하는 것이 의식인데, 이 의식이 깊은 잠을 자기도 하고 허황된 꿈을 꾸기도 하고, 이렇게 살아서 살게 하기도

합니다.

 깊은 잠을 잘 경우에는 의식이 쉽니다. 의식이 쉬는 깊은 잠이 우리의 아픔을 치유시키기도 하지만, 행복이나 불행도 모르고 내 몸도 모르고 이 세상도 모릅니다. 그러다가 깊은 잠이 깨면 모든 것이 생깁니다.

 그러나 이 의식은 모두가 가지고 있는 것이지, 특수한 사람만 가지고 있는 것은 아닙니다. 그래서 의식은 비개인성을 띱니다.

 우리 몸이 죽으면 의식도 사라집니다. 이 의식이 다른 몸을 받고 이 세상에 출현하면 탄생이라고 합니다. 이처럼 의식은 쉬다가 새로 나타나기도 합니다. 기절했다가 정신이 드는 경우도 있잖아요.

 꿈을 꾸다가 깨어날 때, 자기가 깨어나는 것이 아닙니다. 죽었다가 다시 태어나는 것도 자기가 하려고 해서 되는 것이 아닙니다. 저절로 자기도 모르게 꿈에서 깨어나고 이 세상에 태어나기도 합니다.

 자기가 하는 것이 아닌데, 자기가 하는 것으로 착각하는 것입니다.

 그래서 불가에서는 만법유식(萬法唯識)이라 합니다.

 이 '식(識)'이 자기가 아닙니다. 이 '식'이 나오게 하는 것이 진정한 나입니다.

 이 진정한 나는 절대 무, 아무것도 없는 것과 같습니다. 그러나 이것이 다 합니다. 아무것도 없는 것 같기 때문에 우리 의식으로는 알 수가 없는 존재입니다.

 이 진정한 나를 깨닫는 것을 깨달음이라고 하는데, 알 수 없는 것을 알려고 하니 불가능한 짓을 하는 것입니다.
　지금 이렇게 글을 읽고 있는 존재가 진정한 나 아닌가요? 이 진정한 나가 없으면 아무것도 못합니다.

　물론 이 진정한 나는 몸도 아니고 마음도 아니기 때문에, 모든 생각이 사라지는 고요한 상태에 있으면 스스로 나타난다는 것입니다.
　그 방법으로 마하리쉬나 레븐슨은 '나는 누구인가?'라는 의문을 가지고 탐구를 하면 다른 모든 생각은 발을 붙이지 못하게 된다고 합니다. 거기서 계속 참구하다 보면 나라는 생각도 사라지는 경지를 맛보게 되며 그러면 모든 것이, 우주가 나라는 경지를 체험하게 된다고 합니다.
　그게 환희고 지복이라 합니다.
　　물론 어떤 생각이 또 떠오르더라도 '이 생각이 누구에게서 일어나는가?'라고 물으면, '나'라는 답이 나올 것이고, 그러면 다시 '나는 누구인가?'를 탐구하면 된다고 합니다.
　우리 불가의 화두 참구법도 같은 취지라고 생각합니다.

　나라는 것에는 아무것도 없다는 철저한 경지가 되면, 보이는 모든 것, 들리는 모든 소리가 나임을 깨달을 수 있습니다.

　마하리쉬는 생각을 없애는 또 한 가지 방법으로 '순복', 즉 나라는 생각을 하지 말고 하나의 님께 절대 복종하는 방법도 있다고 했습니다. 모든 것을 내가 하는 것이 아니라, 진리, 하나의 님이 한다고 자기를 버리라는 것입니다.
　하나님을 믿으라고 하는데 내가 하나님을 믿는다고 하면 틀린 믿음입니다. 그러니까 내가 죽어서 천국에 간다고 야단하는 것입니다. 아무것도 없는 내가 어떻게 천국에 간다는 것입니까?

진정한 믿음은 진정한 나, 아무것도 없는 나가 참나이고, 나라는 생각을 하는 것은 가짜 나라는 것을 믿는 것입니다.

살고 죽는 것은 육신인 몸이 하는 것이지, 진정한 나는 형상이 없으므로 살거나 죽을 수 있는 존재가 아닙니다. 진정한 나는 아무것도 없으므로 잘 살거나 못 살거나 하는 것이 아닙니다.

그렇다고 진정한 나가 우리와 떨어져서 멀리 있는 존재가 아닙니다. 이렇게 지금 보는 것이 진정한 나입니다. 보고 나서 이러쿵저러쿵 시비하는 것은 나라는 생각인 가짜 나입니다.

이렇게 듣는 것이 진정한 나입니다. 듣고서 이러쿵저러쿵 시비하는 것은 나라는 생각인 가짜 나입니다.

第三十二 應化非眞分 응화비진분
— 드러난 모든 것은 실체가 없으니,
그런가 보다 하고 마음을 동하지 말라

> **한글 금강경**

"수보리야! 만약 어떤 사람이 헤아릴 수 없을 만큼 많은 아승기 세계를 가득 채운 칠보로 보시한다 하더라도, 만약 선남자 선여인이 보살심을 발하여 이 경전에서 사구게 하나라도 받아 지녀, 읽고 외워서 다른 사람에게 설하여 준다면 그 복이 앞의 복보다 뛰어나리라.

그러면 다른 사람에게 어떻게 설해 주어야 하는가?

상을 취하지 마라. 모든 것이 있는 그대로 진리이다.

불취어상(不取於相) 여여부동(如如不動)

어째서 그러한가?

드러난 모든 것들은 꿈과 같고 환영과 같고, 물거품, 그림자, 이슬, 그리고 번개 같으니…

일체유위법(一切有爲法) 여몽환포영(如夢幻泡影) 여로역여전(如露亦如電)

그러므로 응당 이와 같이 알아차려야 한다.

응작여시관(應作如是觀)!

마땅히 이렇게 보아야 한다.!"

부처님께서 이 경을 설하여 마치자 장로 수보리와 그 자리에 있던 모든 비구, 비구니, 우바새, 우바이 그리고 일체 세간의 하늘 신과 인간과 아수라가 부처님께서 하신 말씀을 듣고 모두 크게 기뻐하며 금강반야바라밀경을 굳게 믿고 진실하게 받아들여 높이 받들고 실천하였다.

한문 금강경

須菩提수보리 若有人약유인 以滿이만 無量阿僧祇世界무량아승기세계 七寶持用布施칠보지용보시 若有약유 善男子선남자 善女人선여인 發菩薩心者발보살심자 持於此經乃至지어차경내지 四句偈等사구게등 受持讀誦수지독송 爲人演說위인연설 其福勝彼기복승피
云何爲人演說운하위인연설
不取於相불취어상 如如不動여여부동
何以故하이고
一切有爲法일체유위법 如夢幻泡影여몽환포영 如露亦如電여로역여전
應作如是觀응작여시관
佛說是經已불설시경이 長老須菩提장로수보리 及諸比丘급제비구 比丘尼비구니 優婆塞우바새 優婆尼우바이 一切世間일체세간 天人阿修羅천인아수라 聞佛所說문불소설 皆大歡喜개대환희 信受奉行신수봉행

저자의 견처

모든 현자들은 우리가 개인적으로 잠을 자면서 꾸는 꿈이나, 지금 우리가 살고 있는 생활이 꿈속의 일과 똑같다고 합니다.

우리의 일생을 일장춘몽(一場春夢)이나 남가일몽이라고 합니다.

꿈속의 나도 내 마음대로 되지 않습니다. 이 세상의 나도 내 마음대로 되는 일이 그렇게 많지는 않습니다.

기독교에서는 모두 하나님의 섭리라고 하고, 불가에서는 연

기, 즉 인연 따라 일어났다가 사라지는 것이라고 합니다.

  과연 그럴까요? 우리 현실의 삶은 심각합니다. 어떻게 살아야 할지 모릅니다. 하나님의 뜻 같기도 하고, 내가 하기 나름 같기도 합니다.

  현실 생활에 집착할 것까지는 없는 것 같습니다. 왜냐하면 몸도 늘 변하고 마음도 늘 변하기 때문입니다.
  제행무상(諸行無常)입니다.

  현실 생활의 행복과 불행은 모두 나라는 것이 있어서 내가 느낍니다. 석가모니가 괴로움에서 벗어나기 위하여 깨달아 보니, 나는 변화하는 생각일 뿐 개별적인 나[에고]는 없다는 사실을 깨달았습니다.
  제법무아(諸法無我)입니다.
  원불교에서도 무아봉공(無我奉公)하라고 합니다. 현자들도 모두 나는 없다고 합니다.

  그러나 내 몸과 내 마음은 진리가 없으면 나타날 수 없는 것입니다. 이 진리를 참나, 진정한 나라고 합니다.
  이 진리를 절대성이라고도 합니다. 아무것도 없는 것 같은 '무'라고도 합니다. 이 '무'가 이 세상 '유'로 나타날 때, '유'는 상대성으로만 나타날 수 있음이 문제입니다.
  근본적으로 무와 유는 같은 것이지만, 유는 전부 상대성으로, 남과 여, 음과 양, 좋은 것과 나쁜 것, 옳은 것과 그른 것 등으로 구분되어야만 '무', '자기'를 나타낼 수 있습니다. 그러니까 이 세상 조그마한 먼지라도 진리를 나타낸 것입니다.

의상대사의 '법성게'에 일미진중함시방(一微塵中含十方), "조그마한 티끌 하나에 시방세계가 다 들어 있다."고 하였습니다.

그렇다면 우리가 하는 모든 일이 진리 아님이 없음을 알아야 합니다. 죽는 것도, 아픈 것도 다 진리의 나타남입니다. 좋은 것만이 진리의 나타남이 아니고, 나쁜 것도 진리의 나타남임을 알아야 깨달은 현자입니다.

그러나 우리의 종교 신앙의 현실은, 나에게 좋은 것은 다 가져다주고, 나에게 나쁜 것은 전부 없애줄 거라고 믿는 신앙을 하고 있으니, 진리와는 거리가 먼 행동입니다.

케이티는 「당신의 아름다운 세계」 제32장에서 이렇게 말합니다.

나는 나의 꿈을 사랑합니다. 내가 생각하는 모든 것을 사랑하는데, 어떻게 꿈을 사랑하지 않을 수 있을까요? 하지만 만일 당신이 한순간의 걱정이나 화처럼 사소한 것일지라도 악몽을 꾸고 있다면 탐구를 통해 그 악몽에서 깨어날 수 있습니다. 아주 순간적이어서 애초에 존재하지도 않는 이런 것들, 순수하고 순진한 상상인 이런 것들은 더는 우리를 괴롭힐 힘을 갖지 못합니다. 그것들이 어떻게 만들어지는지를 마음이 이해하면……. 마음은 더 많이 이해할수록 더 모릅니다.

'모르는 마음'은 늘 가득 차 있는 그릇입니다. 모든 것이 그 안으로 흘러 들어가는데, 한 방울도 자기를 위해 붙잡아 둘 필요가 없습니다.

그것은 온 세상이 자기에게 오는 걸 보는 천진한 존재입니다. 자기의 가장 좋은 행위와 가장 나쁜 행위, 가장 부끄러운 일과 가장 영광스러운 일, 가장 풍족한 것과 가장 빈곤한 것을 가지고 들어옵니다. 모든 것이 허용됩니다. 그것은 언제나 한없이 크고 넓어서 흘러들어 오는 것을 다 담을 수 있습니다. 그리고 그 안에서 모든 사람이 온 목적-봄, 흘끗 봄, 사랑의 선물-을 얻습니다.

'모르는 마음'은 한결같습니다. 그것은 방바닥이고, 방 건너편에 있는 사람의 목소리고, 손톱으로 톡톡 두드리는 것이며, 하얀 벽에 비치는 햇살 한 조각, 벽난로 도구들, 요리하는 냄새, 손의 감촉입니다. 그 모든 것이 귀중합니다. 그 어느 것도 실재하지 않습니다.

저도 꿈같은 세상을 살았습니다.

꿈같은 생각, 상상이라는 것이 이 세상 자기 현실을 만듭니다.

이 세상에 남자로 태어났으니, 이 세상에서 가장 어려운 사법시험에 합격을 해야겠다는 한 생각이 저를 사법시험에 합격하게 했고, 법조인으로서의 저의 일생을 이끌어 갔으며, 아들이 경기고, 서울법대를 졸업하고 사법시험 합격자가 되게 하여, 제대로 된 법조인이 되도록 하고 싶다는 한 생각이 아들이 그렇게 되게 했고, 시골에서 살았을 사람이 서울 강남 삼성동에 아파트 한 채를 가지고 살고 있는 늙은이가 되게 했습니다.

'인생의 진실이 무엇일까?' 하는 의문 하나가 저를 지금에 이르게 하였습니다. 아직도 탐구하고 찾고 있습니다.

이제 탐구하고 찾는 것이 자기이고, 모르는 것이 자기라고 합니다.

케이티의 아래 4가지 작업 질문은 재미있습니다.

1. 그게 진실인가요?
2. 그게 진실인지 당신은 확실히 알 수 있나요?
3. 그 생각을 믿을 때 당신은 어떻게 반응하나요? 무슨 일이 일어나나요?
4. 그 생각이 없다면 당신은 누구일까요?

마하리쉬와 레븐슨의 '나는 누구인가?'를 탐구하고, 늘 뒤돌아 보라는 가르침이 마음에 와 닿았습니다.
'이 뭣고?'
좋은 것이든지 나쁜 것이든지, 진리 아닌 것이 없습니다. 그러나 그 어느 것도 실재하지 않습니다.

부록1 : 여공(如空)의 일시적인 깨어남

— 청혜선원 청혜스님과 어떤 거사[여공(如空)]의 독대[10]

[스님] 이, 우리 이렇게 법담 나누는 것을 녹음을 해도 괜찮겠습니까?
[거사] 아, 그 좋습니다.
[스님] 이제 거사님 나름대로 이렇게도 붙여보고, 저기에도 붙여보고 하신다고 하는데, 그것은 생각 이전 자리라고 하는데, 그러면 이런 거 겠구나. 저런 거 겠구나 하고 나름대로 거사님이 연구를 해 보고, 막 연구가 되어서 돌아가잖아요. 마음속에서. 그것은 관심이 있어서 그런 것이거든요. 관심이 있어서 그런데, 그렇게 관심이 있고 궁금하시죠? 그런 상태라면, 이제 제가 이렇게 여쭤봐 볼게요. 제가 여쭤볼 때는. 아는 걸 대답하지 마시고, 그냥 나오는 대로 대답해 보세요. 우리는 이미 훈련이 어떻게 되어 있냐 하면, 나오는 대로 대답하는 게 아니라, 생각해서 대답하게끔 훈련이 되어 있어요. 그런데 최대한, 생각 속에서 답을 찾아내지 마시고, 틀린 말이라도 곧 나오는 대로, 나오는 그대로, 곧바로 나오는 대로, 틀린 말을 해도 아무런 상관이 없다. 맞는 말을 찾아내려고 하지 마시라. 어린 아기들처럼, 아무 말이나 툭툭툭 나오는 말, 그것이 진실이니까 그런 대답을 해 보십시오! 여쭤 보면 일 초도 걸리지 말고, 바로바로 대답을 하세요. 거사님이 지금 그만큼 관심이 있으시다고 하고, 거기까지 와 계신것 같으니까. 제가 한번 여쭤봐 볼게요. 우리가 그 거사

---

[10] https://www.youtube.com/watch?v=j2K0DpOy6ms
유튜브 검색 창에 '수십 년간의 머리에서 해방된 판사님'을 입력하시면 위 대화내용을 직접 들을 수 있습니다.

님이 나라고 하는 것, 이 나라고 하는 것 이거, 나, 이거를 가리키는 것 같다고 얘기했습니다. 나, 이것은 언제나 변함이 없는 것 같은 느낌이다. 거기까지 느낌이 든다고 하셨죠? 어렸을 때도 항상 내가 동네도 놀러 다니고, 학교에도 갔다 오고, 밥도 먹고, 잠도 자고, 항상 내가 있었지요. 이렇게 자라나면서도 항상 내가 있죠? 중학교도 가고, 고등학교도 가고, 내가 뭐 시험도 치고, 내가 직장도 가고, 내가 직장도 그만 두고, 또 내가 고시시험도 합격하고, 또 내가 판사도 되고, 변호사도 되고, 항상 내가 있었죠. 지금도 여기에 누가 오셨습니까?

[거사] 내가 왔죠.

[스님] 그래서 초등학교, 중학교, 고등학교, 또 직장도 가고, 시험도 치고, 판사도 되고, 한 이 내용들은 다 다르죠? 그런데 뭐는 하나가 동일합니까?

[거사] 나라는 것.

[스님] 나는 동일하죠? 언제나 그 나는 항상 있죠? 그리고 항상 똑같죠? 그럼 나, 그것이 나이 먹는 느낌이 있습니까?

[거사] 없습니다.

[스님] 빨리 대답을 해 보세요. 없습니까?

[거사] 아, 이제 알겠네요. 없는 것, 이게 없어야 맞죠!

[스님] 없지요? 자기 느낌을 솔직하게 대답하셔야 됩니다. 어렸을 때 나, 나, 나, 하던 나하고, 지금 이 나하고 어떻습니까?

[거사] 똑같습니다!

[스님] 똑같아요? 자, 우리는 어떻게 알고 있습니까? 몸과 마음이 나인 줄 알고 있지 않습니까. 그런데 나, 이거는 어렸을 때나 지금이나 똑같은 것이다 하면은 몸하고 들어맞지 않죠?

[거사] 안 맞습니다.

[스님] 몸은 많이 달라집니다. 그럼 나라는 느낌, 이거는 몸이 아니네. 나라는 느낌, 이거는 몸이 아니네. 그러면 무엇을 우리는 자기라고 합니까? 내 마음을 또 나라고 하지 않습니까?

[거사] 자기라고 하는 게 있죠.

[스님] 이게 나라고 하는, 우리가 통틀어서 봤을 때, 몸하고 마음을 자기인 줄 알고 살잖아요. 그 마음속에 있는 생각, 사상, 느낌, 철학…

[거사] 내 거라고 생각하죠. 나라고 하는 게 아니고.

[스님] 내 마음이다. 어쨌든 나에 해당되지 않나요? 내 마음이라고 그래도, 나라는 거죠. 내 마음이다 하는 것도 나에 해당하는 거죠. 그래서 내 성격, 내 기분, 내 생각… 전부 다 통틀어서 마음이라고 할 때, 정신적인 것을 마음이라고 하죠. 그러면 일체 물질이 아닌 것, 몸이 아닌 것에 해당되는 것, 정신적인 것, 그것도 내 마음, 내 성격이죠. 그게 전부 자기에 해당되는 건 줄 알잖아요. 그런데 그것이 자기라면, 자기에 해당된다면, 엄밀히 말하면 그것도 자기인 줄 알고 있다 이 뜻 아닙니까? 그러면 그것이 자기라면, 성격이 어렸을 때하고 지금 하고 변하지 않았습니까? 똑같습니까? 성격이?

[거사] 안 변했습니다.

[스님] 성격, 내 성격이 어렸을 때는 조금 이렇다가, 나이를 먹으면서 조금 달라지지 않았나요?

[거사] 아아, 달라졌네요.

[스님] 그러면 성격은 달라졌는데, 우리 이 나…라고 하는 것은 달라졌어요?

[거사] 안 달라졌어요.

[스님] 안 달라졌어요?

[거사] 진짜? 아… 진짜네요.
[스님] 그러면 성격은 내가 아니네요.
[거사] 아니네요.
[스님] 우리가 이 나라고 느끼는 게, 성격은 아니네.
[거사] 성격은 아니네요.
[스님] 우리가 그러면 어떤 사상도 어렸을 때와 달라졌죠?
[거사] 다 달라졌어요.
[스님] 그러면 우리가 나, 나, 나, 내가, 내가, 내가 아파, 내가 슬퍼, 내가 행복해, 내가 편안해, 내가 불편해, 내가 화가 나 이럴 때 나, 나, 나라고 느끼는 이것은 성격도 아니고, 사상도 아니고, 그 어떤 마음도, 내가 어떤 감정이 들었다 그러면 그 감정이 나타났다가 사라지죠. 우리가 나타나면 나타난 줄 알죠? 사라지면 사라진 줄 알죠? 그러면 나타났다가 사라진 이 감정이 나입니까, 아는 놈이 나입니까?
[거사] 아는 놈이 나죠.
[스님] 아는 놈, 그게 나죠. 그러면 일체 나타났다가 사라지는 성격이나, 사상이나, 감정이나, 뭐 생각이나 이런 것들이 납니까?
[거사] 그런 것들은 나가 아니죠.
[스님] 나, 아니죠? 그러면 느낌에 자기에게 있어 주십시오. 나, 거기 있어 보십시오. 그 나에게서 뭘 찾아보십시오. 뭐가 있는지, 거기에 뭐가 있습니까? 나에게.
[거사] 거기에는…
[스님] 성격이 있습니까? 사상이 있습니까? 감정이 있습니까? 생각이 있습니까?
[거사] 없습니다.

[스님] 거기에 몸이 있습니까?
[거사] 없습니다.
[스님] 거기에 뭐가 있습니까?
[거사] 아무것도 없는 것 같은데요.
[스님] 아무것도 없지요?
[거사] 아무것도 없네요. 아무것도 없어요. 아무것도 없어야 맞지요.
[스님] 아무것도 없어야 맞다는 것은 생각이고…
[거사] 생각입니까?
[스님] 그냥 뭔가 감이 나오는 대로 솔직한 느낌만 이야기 하십시오. 맞다 틀리다로 들어가면 엉터리입니다. 쓰레기예요. 솔직하게 대답하십시오.
[거사] 아… 이놈이 이야기하네요. 없는 것 같다고.
[스님] 그렇지요?
[거사] 근데 이놈은…
[스님] 그거는 뭡니까? 뭐가 있습니까?
[거사] 이놈은 뭐가, 어떻게든지, 뭐든지 못 찾겠는데요.
[스님] 그죠.
[거사] 예, 예, 예.
[스님] 어딨는지 못 찾겠죠?
[거사] 예, 못 찾겠어요. 이놈이 어떤 놈이라고 말도 못하겠네요.
[스님] 그렇죠!
[거사] 이놈이… 이놈은 참… 그러네요. 아… 이놈은 아무것도 없네. 가만히 있어 보세요. 이놈은 그 정말, 신기하네요. 아… 이거 참… 아무것도 없어요! 아… 이놈은 몸도 없고, 생각도 없

고, 마음도 없고, 뭣도 없고, 뭣도 없고. 아… 이놈은 아무것도 없네요. 아… 근데 이게 머리로 들어가네. 또…
[스님] 노, 노, 노!
[거사] 아, 이놈이 또 머리로 넘어가네.
[스님] 노, 노, 노!
[거사] 아… 공부한 거, 이것이 장애가 되네.
[스님] 그거 머리로 들어가는 거고 다시 돌아가십시오.
[거사] 아… 저한테. 아… 그러네요. 아… 이놈이 아무것도 없었던 놈이…
[스님] 머리로 들어가지 마십시오. 알려고 하지 마세요. 그거를 파악하려고 하지 마세요. 찾으려고도 하지 마세요. 그냥 나에게 있어 보십시오.
[거사] 나… 아무것도 없던 놈이네…
[스님] 아무것도 없죠? 못 찾겠죠? 자, 보십시다! 거기가 크기가 있습니까? 그것이 그 나가?
[거사] 아무것도 없어요.
[스님] 크기나 모양이 있어요?
[거사] 아무것도 없어요!
[스님] 거기 나이가 있어요?
[거사] 없어요! 아무것도 없어요!
[스님] 그게 그 속에 병이 들 수 있습니까? 그 나가?
[거사] 아… 아무것도 없다니까…
[스님] 아무것도 없죠? 그게 태어나고 죽고 합니까?
[거사] 아… 아… 이거 아니, 아무것도 없어요. 그것도 없어요.
[스님] 부처다 중생이다가 있습니까?
[거사] 없어요. 아이구! 이게 아무것도 없는 놈이… 아무것도 없

는 놈이⋯ 아이구⋯ 이거 아무것도 없는 놈이⋯ 아유⋯ 아무것도 없는 놈이었는데⋯ 아⋯ 아무것도 없는 놈이었는데⋯ 내가⋯ 아⋯ 아무것도 없는 놈이 왜 이렇게 또⋯ 아⋯ 이거 참⋯ 아⋯ 아무것도 없는 놈인데⋯ 아이구! 참⋯ 아무것도 없는 놈이었는데⋯ 아이구⋯ 아⋯ 근데 이게 왜? 아⋯

[스님] 아무것도 없잖아요?

[거사] 예. 아무것도 없었던 놈인데⋯ 이놈이⋯

[스님] 또 생각으로 들어가지 마시고 저를 한 번 보십시오.

[거사] 아이고.

[스님] 크기가 없잖아요. 예, 모양도 없잖아요.

[거사] 예.

[스님] 이것이다 저것이다 할 것이 없잖아요.

[거사] 없어요.

[스님] 부처다 중생이다가 아니죠?

[거사] 없어요. 그런 거 없어요.

[스님] 거기, 나와 너가 있습니까?

[거사] 없어요. 아무것도 없어요.

[스님] 아무것도 없어요? 자, 그러면 이거는 저고, 이거는 거사님입니까?

[거사] 아니, 없어요.

[스님] 아니죠?

[거사] 예, 예, 예.

[스님] 이게 테이블입니까?

[거사] 아⋯ 없어요.

[스님] 테이블은 테이블이지만, 테이블이 아니죠?

[거사] 예, 아니에요. 아니, 아니, 아니라고 할 수도 없어요. 아

니다 할 수도 없고 그냥 없어요.
[스님] 테이블이다 할 수도 없고, 아니다 할 수도 없지요?
[가사] 예.
[스님] 분별할 게 하나도 없지요?
[거사] 하나도 없네. 아이고, 그러네요. 하나도 없네요. 아! 아!
[스님] 그렇다고 뭐가 사라진 것도 아무것도 없잖아요. 보이고, 들리고, 다 그대로잖아요. 모든 게 똑같이 그대로 있잖아요?
[거사] 아…
[스님] 다 있는데, 없는 거와 같지 않습니까?
[거사] 예, 예, 예.
[스님] 이거는 그냥 분별이 되는 모양에 불과하잖아요? 실체가 아니잖아요? 이 분별되는 모든 거, 보이고 들리고, 만져지고 하는 것들은 실체가 아니다. 분별인데, 분별 속으로 빠져들어 버렸잖아요. 그러니까 그 하나하나가 낱낱이 존재인 것처럼 보이는 거잖아요.
[거사] 이놈한테는 아무것도 아니에요. 아무것도 없어요. 이놈한테는 안 돼요. 이놈한테는 안 돼요. 그… 말을 하면 안 돼요. 그런 것으로 이야기할 수 없어요. 이야기하면 안 되겠어요. 아… 이게… 이놈한테는… 그건 안 돼요. 그렇게 뭘 하면 안 되겠어요. 아이구야…
[스님] 그러면 이놈 아닌 게 하나라도 있습니까?
[거사] 아니… 그것도 말 못하겠어요. 아… 있고 없고를 말 못하겠어요.
[스님] 그렇죠?
[거사] 이놈한테는… 이놈한테 그렇게 따지지 마세요.
[스님] 하하하하!!!

[거사] 아이구… 이놈한테는 아무것도 붙일 수 없어요. 아무것도 붙일 수 없네요. 아니… 이놈은… 아이구… 이게… 이거 못 붙네요. 아이구… 이거 스님이니, 뭐니 붙을 수가 없네요. 아… 이게… 이게… 그… 아… 이런 놈이 다 있었네!!!
[스님] 하하하하!!!
[거사] 아… 이거, 참… 나… 아… 이놈이… 참… 근데 왜? 이렇게, 또… 이렇게, 보고… 아무것도 아닌 놈이 보네요. 아무것도 아닌 놈이 봐. 아무것도 아닌 놈이, 스님이라고 생각하고, 나라고 생각하네요.
[스님] 그렇죠.
[거사] 아무것도 아닌 놈이, 아무것도 없는 놈이, 어떻게 그… 그럴 수 있죠?
[스님] 원래 그러는 거죠.
[거사] 아니 아무것도 아닌 놈이 스님이다 하고, 나다 하고 뭐… 이것도 하고, 저것도 하고. 이놈한테는 뭐가 붙을 수가 없는데, 이놈이 어떻게 알죠? 어떻게 알아요?
[스님] 원래 그런 거예요.
[거사] 이거 아무것도 없는 놈이고, 뭘 붙일 수가 없는데. 거기다 대고는 저… 웃음도 여기에 붙을 수가 없는데. 저 웃음도 붙을 수가 없는데… 어떻게 들리죠? 웃는다고 어떻게 내가, 이놈이 생각하죠? 이놈이 왜 그래?
[스님] 묘하다 하잖아요.
[거사] 묘하다고도 못 붙여요. 아… 안 돼요. 아… 이거 참! 신기하네요. 이거 가만히 있어 보세요. 이놈은 아무것도 없는 놈인데, 아… 이놈이 핸드폰이라고 어떻게 알지요?
[스님] 아, 하하하!

[거사] 아니, 아무것도 여기다 못 붙이는데, 이놈이 어떻게 해 가지고 탁자라고 하고, 아… 이놈은 아무것도 여기다 붙일 수 없네요. 야… 이놈이 근데 또 다 뭐라고 하네요. 눈이 있다고 하고, 코가 있다고 하고. 아… 이놈 신기한 놈이네. 아… 이놈은 아무것도 붙일 수 없었는데 또 보니까는 스님, 계시고… 뭘 붙일 수 없는 놈이었는데. 왜 그렇지요? 가만히 있어 보세요.

[스님] 머리로 들어가지 마시고…

[거사] 그러니까, 내가 분명히 경험했는데. 아… 이거 아무것도 없다고 경험했는데… 스님이 뭐라고 해도, 이거 아무 관계없었는데… 이 자식 다시 또 그렇지 하는 말이 들리죠? 어? 왜 또 다시 가는 거여…

[스님] 그렇지 하는 말이 들릴 뿐이었죠.

[거사] 아… 이놈한테… 아무것도 없는 놈한테.

[스님] 이제 또 생각으로 들어가시면 안 됩니다.

[거사] 들어갔어요.

[스님] 생각으로 들어가시지 말고…

[거사] 아아… 이놈은 제가 아무리 해 봐도, 아무것도 붙일 수 없는 놈인 것만은 틀림없는데요. 지금까지 그런 걸 생각을 해본 적이 없고. 스님! 그러니까, 이게 아무것도 없었어요. 스님이 뭐라고 해도 여기에는 안 돼요. 범을 못 해요. 여기 넘어올 수가 없어요. 근데 이제 조금 가라앉으니까 이제 스님 눈도 보이고, 코도 보이고, 입도 보이고 그러네요. 이놈이 그… 희한한 놈이네. 가만히 생각해 보면, 아…

[스님] 여기 머리로 파악하려고 하지 마세요. 그냥 이뿐이에요.

[거사] 아무것도 없는 것뿐이에요.

[스님] 모든 것이 그대로 있되, 아무것도 없는 것 같다. 그죠?

억지로 말하자면…
[거사] 아니, 그런 말도 못하겠어요.
[스님] 맞아요. 그런 말도, 분별…
[거사] 그런 말도 여기 못 넘어와요.
[스님] 그렇지요, 맞습니다.
[거사] 그런 말로 여기 못 넘어와요.
[스님] 그렇지요, 제 분별의 소리…
[거사] 예. 그 말이 여기는 못 넘어와요. 아… 이상하네… 그거…
[스님] 하하하하!!
[거사] 아… 야… 이놈이, 참… 아이… 또 생각으로 넘어가네. 이 손 움직이는 게 이놈이라고 하네. 아! 이게 이렇게 하는 놈이… 아! 이거 아무것도 없었는데 또 이렇게, 아… 배운 거, 이거 잘못 배워 가지고, 요게, 그거라고… 아…
[스님] 자, 그러면 다시 물어보겠습니다. 배운 것, 잘못 배운 거는 이거 아닙니까?
[거사] 아니요. 배우고 말고 한 것이 없어요. 여기는 배운 것 못 들어와요. 그 아는 것도 못 들어와요.
[스님] 그런데 자, 그러면 잘못 배운 것도 이거고 잘 배운 것도 이거고, 그렇지 않습니까?
[거사] 그건 맞습니다. 이놈이 잘못 배웠네요.
[스님] 그렇지요.
[거사] 이놈이 나누고, 이놈이 분별하고…
[스님] 그러면 분별해도 한 바가 있습니까?
[거사] 이놈한테는 없어요. 그렇지! 그거, 이놈한테는 분별도 못 들어가요. 못 와요. 아… 이거 신기하네. 야… 이런 놈이 세상에

있었나? 야… 이놈은 뭐, 이놈한테는 스님이 무슨 말씀을 해도 못 들어와요. 아… 이놈은…

[스님] 이놈이 말하고 있는 거 아니에요? 이놈이 말하고 있습니까? 스님이 말하고 있습니까?

[거사] 아… 아무것도 없는 놈이 뭔 말을 하네.

[스님] 보세요. 이게 그거 아닙니까? 이건 그게 아닙니까?

[거사] 아니, 그것까지는 아니에요.

[스님] 아니, 아니! 노, 노, 노! 머리로 들어가지 마시고 온전히 거기 계셔 보세요.

[거사] 아무것도 없는 놈.

[스님] 그거, 이거는 그거 아닙니까?

[거사] 아니에요. 아무것도 없는 놈인데…

[스님] 노, 노, 노, 노, 노! 아무것도 없는 놈이라는데, 지금 떨어져 있어요.

[거사] 떨어져 있어요? 아… 아무것도 없는 놈! 하는 것도 이놈이 하는데.

[스님] 그렇지요. 그건 분별에 떨어진 것이에요.

[거사] 아… 제가 아무것도 없는 놈이라는데, 제가 들어갔군요. 가만히 있어 보세요. 그러면 처음 얘기대로.

[스님] 아까는 아무것도 없는 놈에 떨어진 게 아니라, 그냥 아무것도 없었어요.

[거사] 예. 없었어요. 없었어요!

[스님] 그러니까, 자, 다시, 나에게로 가봅시다. 나에게로 생각해서 들어가지 마시고 아무것도 없는 놈에 들어가지 말고 나에게로.

[거사] 아… 나에게, 이 나… 이 나…

[스님] 몸도 아니고 마음도 아닌 이 나에게로. 이 나는 아무것도 없는 놈조차 아니야.
[거사] 분별에 들어가 가지고 이놈이 아무것도 없는 놈이라고 이야기하는 거죠. 이놈이 이야기하네요.
[스님] 그렇죠.
[거사] 이놈이 이야기하고, 이놈이 스님의 질문을 듣고, 이놈이 똑같은 놈이 이놈이네.
[스님] 근데 보십시오! 이거는 그놈 아닙니까? 이것만 그놈입니까?
[거사] 가만히 있어 보세요.
[스님] 그냥 나에게 있으십시오!!!
[거사] 아… 그 점이 막히네. 가만히 있어 보세요.
[스님] 생각으로 들어가지 마시고 이놈이라는 경계도 놓고, 아무것도 없는 놈이다 하는 그것도 놓아야 합니다. 아무것도 없는 놈이다 하면, 그것도 분별, 경계 아닙니까?
[거사] 이놈이 이제 분별, 경계라는 것에 침범될 수 없는데, 스님이 이것도 그거 아니냐고 하니까 분별, 경계에 떨어진다.…
[스님] 그냥 나에게 있으세요. 분석하지 마시고 다시, 그냥 다시 합니다. 그것이 분별. 경계에 해당됩니까?
[거사] 그건 이건 아니에요.
[스님] 아니죠? 그럼, 분별 놔 버리십시오. 자, 이거는 스님이다 하는 것은 분별이죠? 분별 놔 버리십시오. 손을 한 번 이렇게 내어 보십시오. 이거는 거사님 손이고, 이거는 스님 손이다 하는 것은 분별 아닙니까?
[거사] 그렇지요! 그렇지요!
[스님] 그걸 놔 버리십시오. 자, 그 나에게 분별이 있습니까?

[거사] 없어요!!! 아까 없었어요. 근데. 지금 다시 생긴 모양이네요.
[스님] 다시 자기에게 돌아가 봅시다. 이 나를 느낌으로 표현하고, 다시 분별하다가 보니까 분별 속으로 들어간 거예요. 자, 다시 자기에게 들어갑시다. 이 나에게, 분별이 자기입니까?
[거사] 아닙니다!!! 그건 아닙니다.
[스님] 그러면 그 나에게 나와 스님이 따로 있습니까?
[거사] 있어요.
[스님] 내 자리에?
[거사] 아, 그 자리에는 없어요.
[스님] 거기에 나가 있습니까?
[거사] 없어요.
[스님] 스님이 있습니까?
[거사] 없어요.
[스님] 부처가 있습니까?
[거사] 없어요.
[스님] 중생이 있습니까?
[거사] 없어요.
[스님] 생로병사가 있습니까?
[거사] 없어요. 아무것도 없어요.
[스님] 그죠.
[거사] 아무것도 없는 놈이에요.
[스님] 아무것도 없죠? 아무것도 없으면, 아무것도 분별할 수 있는 게 없죠?
[거사] 예.
[스님] 아무것도 없다는 게, 이게 안 보인다는 뜻은 아니죠? 이

거 보이죠?

[거사] 예, 보여요.

[스님] 그런데 이게 없어진 건 아니죠? 고대로 다 있죠?

[거사] 있어요.

[스님] 있는데 아무것도 분별할 수가 없죠?

[거사] 예. 아!!!

[스님] 소리 들리죠?

[거사] 들려요.

[스님] 그런데 그 소리가 자기 아닙니까? 자기 소리 아닙니까? 이 소리가 저기 따로 있습니까? 이 컵이 자기 밖에 저기 따로 있습니까? 이 나가 크기가 있습니까? 그게 크기가 있습니까? 그 나가 크기가 있냐고.

[거사] 없어요.

[스님] 모양이 있냐고.

[거사] 모양은 없어요.

[스님] 크기가 없으면, 어디까지가 그 나입니까? 이만큼이 그 자기입니까? 얼마큼?

[거사] 가만히 있어 보세요. 다시 또 머리로 가는데, 아…

[스님] 그냥 그 느낌, 그 자기에게 있어 보십시오. 느낌도 아니지만 그 자기가 어느 만큼이 자기인 거 같아요? 여기까지?

[거사] 모르겠어요.

[스님] 자 보십시오. 여기까지 자기입니까?

[거사] 아니지요.

[스님] 여기까지가 자기입니까?

[거사] 아니에요.

[스님] 그러면 여기까지입니까?

[거사] 아, 아니에요. 거 아니에요.
[스님] 갇혀 있습니까?
[거사] 안 갇혀 있지요.
[스님] 그러면 여기까지입니까?
[거사] 이거는 몸도 없고 마음도 없는… 또 생각으로 가네. 아…
[스님] 그냥 거기에만 있어 주십시오. 거기에서 솔직하게 답변해 주십시오. 나오는 대로. 그 자기가 몸속에 갇혀 있습니까?
[거사] 안 갇혀 있지요.
[스님] 그럼 여기까지?
[거사] 그건 아니에요.
[스님] 여기까지인가요?
[거사] 아니에요.
[스님] 여기까지인거 같습니까?
[거사] 이거 범주가 없어요.
[스님] 범주 없어요?.
[거사] 없어요.
[스님] 그럼 여기는 없습니까?
[거사] 있어요!!! 거기까지가 나네요!
[스님] 자, 그러면 이거 누구 손입니까?
[거사] 아…
[스님] 이거 하지 마시고.
[거사] 아… 내거네요.
[스님] 그죠?
[거사] 범주가 없으니까…
[스님] 노, 노! 범주가 없으니까는 생각이에요.
[거사] 생각이고.

[스님] 그냥 느껴지는 대로.
[거사] 아… 범주가 없는데 지금?
[스님] 지금 범주가 없죠? 범주가 없어도 이건 컵이야, 이건 스님이야 하는 고정관념이 워낙 투철해서 분별로 들어가거든요.
[거사] 아… 아…
[스님] 그러니까, 다시 분별로 들어가지 마시고… 그냥 온전히 자기에게 있어 보십시오. 자, 자기가 몸속에 갇혀 있습니까?
[거사] 없어요, 몸하고 관계가 없어요.
[스님] 자, 여기만큼 있습니까? 그 자기가 이만큼만 있습니까?
[거사] 범위가 없죠.
[스님] 이만큼만 있습니까? 자, 보십시오! 저를. 여기는 없습니까? 자기가, 그냥 툭 나오는 대로. 그 자기가 한계가 어디까지 입니까?
[거사] 아무것도, 한계도 없네요. 한계 없어요.
[스님] 한계 없어요? 어디까지가 없죠? 어디까지가 없죠? 그럼 이건 아닙니까? 나오는 대로 대답해 보십시오! 이건 아닙니까? 생각하지 마시고…
[거사] 그 점을 못 넘기네요. 아… 범주가 없는 것까지는, 제가 이제, 이놈이 인정하는데.
[스님] 범주가 없는 것까지는 인정한다는 것은 분별로 들어간 것입니다. 인정하지 마십시오. 그냥, 이완해 보십시오. 그냥 무방비 상태로 알려고 하지 마시고 내가 어디까지인지 한 번 보자 하지도 마시고.
[거사] 그렇게 보게 되네요.
[스님] 그냥 이완해서, 무방비 상태로 가만히… 자, 그러면 내가 어디까지 입니까? 그 나가 아무것도 없죠?

[거사] 예. 범주도 없구요.
[스님] 아무것도 없다는데, 지금 들어가 있죠? 저를 보십시오. 아무것도 없는 거기에 있으세요. 나, 여기 아무것도 없지요?
[거사] 예, 예.
[스님] 나, 여기 뭐가 있어요?
[거사] 아무것도 없어요!
[스님] 아무것도 없지만 분별은 되죠? 보이고, 들리고 하죠?
[거사] 예, 그건 돼요. 돼, 돼, 돼.
[스님] 그대로 다 보이죠? 근데, 아무것도 없어요?
[거사] 아무것도 없어요. 보이는데… 아… 이 고비를 못 넘기네.
[스님] 아니요, 아까 다 넘어갔었는데, 아까 다 넘어갔었는데 또 이제, 어? 이거 아무것도 없다 하는… 또 제가 말을 시키니까 또 살짝 분별 속으로 들어간 거예요.
[거사] 그러니까…
[스님] 근데 어쨌든 이 아무것도 없다는데 떨어지면 안 됩니다. 아무것도 없다는 것도 버리세요. 그게 먼지입니다. 아까는 아무것도 없다라는 말조차도 붙이지 말라고 그랬잖아요. 그 말조차도 그것에 대한 정확한 말이 아니죠?
[거사] 예, 예, 예. 말로는 안 되니까요. 그렇죠, 말로는 안 되죠. 근데 지금은 아무것도 없다에 떨어져 버렸어요.

이때, 소리가 난다.
[거사] 아! 저 소리가 나네요.
[스님] 그죠.

또 웃음소리가 난다.

[거사] 아! 아! 저거, 내가 웃어요. 아! 내가 차 마시네. 아! 이거야, 이거 아무것도 없는 놈이 그 참 신기하네요.
[스님] 스님이 차 마시는 게 아니라 자기가 차 마시죠? 저기 다른 사람들이 떠드는 것이 아니라 자기가 떠들죠?
[거사] 아… 그 참. 아… 그 참 아무것도 없는 놈이 그 아주 신기하네요.
[스님] 자, 그럼 또 파악하고 싶습니다. 우리는… 노, 노, 노, 노! 파악하지 마십시오. 그건 분별로 떨어지는 거 아닙니까?
[거사] 그렇지요. 그렇지요. 다시… 아, 이놈이 그 재주가 참 많네요. 아아아…
[스님] 하하하! 그래서 거사님, 전지전능하다 하시죠.
[거사] 아이고, 참, 나…
[스님] 전지전능하다 그런 말 붙일 수 있습니까?
[거사] 아니, 그동안 그걸로 알았는데 그게 아니네요! 그냥, 그냥, 뭐 이렇게, 지가 모든 게 범위가 없으니까 하는 것도 문제이고 아… 또 범위가 없으니까로 넘어가네. 아, 이놈이 별… 야… 이놈 장난에, 이것 참. 이것…

이때 소리가 난다.
[거사] 야… 전부가 나네. 야… 그…
[스님] 전부가 자깁니까?
[거사] 아, 정말. 저, 그거는 느끼겠어요. 어? 스님이 이렇게 차를 마시는데, 내가 마시네. 어, 어, 그거… 여기는 뭐 아무것도 없으니까. 아… 아…
[스님] 머리로 파악하려고는 하지 마십시오.
[거사] 이놈이 또 장난쳐요.

[스님] 아무것도 없으니까… 하고 논리적으로 들어가면, 그건 분별입니다.
[거사] 그게 인제 또 다시 인제…
[스님] 다시 순수하게 분별 이전, 분별을 놓아 버리십시오. 다 놓아버리세요. 무긴장, 무방비.
[거사] 몸도 놓고, 마음도 놓았는데 이놈이 다시 내 몸이고, 이놈이 내 마음이라고.
[스님] 딱 분별로 들어가죠?
[거사] 예, 깔딱거리네요.
[스님] 깔딱거려요?
[거사] 예. 아, 이상하네. 아까는 놓았었는데 아, 아무것도 없었는데! 스님이 이렇게 또 하니까는 바로 또 뭐가!
[스님] 분별로 딱 들어가죠?
[거사] 딱 들어가네요!!!
[스님] 왜냐하면요, 아무것도 없는 놈을 분별하려고 하죠? 분별해서 정리해서 파악하고 싶어하잖아요?
[거사] 예, 예. 이놈이 그렇네요!
[스님] 분별하고 파악한 내용이 진짜 자성입니까? 그거 놓아버렸을 때, 이것이 자성입니까?
[거사] 이것이 자성이죠. 아무것도 없는 게 자성이죠.
[스님] 그런데 우리는 습관적으로 자꾸 분별해서 파악하고 싶어해요. 아, 이놈이 자성이구나, 요놈인데요 하고 정리하고 있어요.
[거사] 예, 정리하고 있어요.
[스님] 분별해서, 아무리 분별해서 정리 잘하고 완벽하게 잘 파악했다고 해도, 파악한 내용은 상관없잖아요.

[거사] 그 내용은 상관없어요.
[스님] 그것이 진실은 아니잖아요.
[거사] 상관없어요. 아는 놈은 아무 상관없어요. 아는 놈한테는 아무 상관이 없네요. 이놈이 근데 기가 막히게 또 분별도 해요!!! 이놈이 기가 막히게 또 하네. 어떨 때는 이놈이, 아무것도 없는 놈이 전체로 있다가 또 이렇게 돌아와서는…
[스님] 이 몸이 나인 거 같다가, 전체로 있다가, 분별했다가, 놓았다가.
[거사] 아무것도 없다고 했다가.
[스님] 다시 또 파악하고 싶고. 우리 습관이 자꾸 긴장하고, 정리하고, 파악하고 싶어요. 내가 정리해서 알고 싶어요. 말끔하게.
[거사] 이놈이 그러는 거죠. 이놈이 참 괴상한 놈이네요. 가만히 있어 보세요. 이놈 장난에 많이 속았는데, 이놈 장난에 속아 살았네요! 아… 이놈 장난에… 아! 이놈 장난에 일생을 속아 살았네요!!! 70평생을 이놈 장난에 빠져서, 야… 어떻게 이럴 수 있지? 이놈 자식, 그 참… 이놈 장난에 속았네. 아, 지금 스님이 말씀해 주시니까 이놈 장난에 지금도 속고 있어요! 아… 이놈 장난은 끝이 없네요!!! 야!!! 이놈 장난, 놓기가 쉽지 않네요. 좀 뭐라 그럴까요. 달콤하기도 하고.
[스님] 습관이라…
[거사] 제가 제 습관이 너무 쩔어 가지고, 아… 그걸 놓지 못하네요. 이놈 장난에 속았다는 건 알겠는데…
[스님] 자, 다시 봅시다!!! 지금, 이놈 장난에 만약 속고 있다면 속고 있는 것은 이놈 아닙니까?
[거사] 속고 있는 놈은…

[스님] 속고 있는 놈이나, 속은 사실이나 이게 둘입니까?
[거사] 이놈이, 다…
[스님] 속은 사실은 이거 아닙니까?
[거사] 예, 이놈이 속았다고 그러네요.
[스님] 이놈이 속았다고 그러지만, 속은 사실도 이놈 아닙니까? 여기 들어가지 마시고… 분별할 수가 없잖아요.
[거사] 아, 속은 사실도… 이놈이… 스님이 이것… 아…
[스님] 노, 노, 노, 노! 여기, 논리적으로 생각하지 마시고. 자, 보세요. 그냥 그냥 여기서 보세요. 여기서 속은 사실도 그냥 이거 아닙니까? 이놈하고 속은 사실하고 다릅니까? 속은 사실이라고 여기서 분별을 하니, 이놈 따로 있고 속은 사실 따로 있고…
[거사] 지금 있어요, 따로 있어요. 아… 이놈이 속았네.
[스님] 그렇죠, 분별이죠.
[거사] 그러면…
[스님] 그러면… 하고 생각으로 들어가지 마시고… 그냥 이 본래 자리에 있어 보십시오. 이 본래 자리에 이놈이 있습니까?
거사] 없어요!!!
[스님] 자, 그럼 속은 게 있습니까?
[거사] 없어요!!! 아!!! 속은 바가 없네요!!!
[스님] 그렇죠? 이놈이 속았다 하는 게 속은 것 아닙니까?
[거사] 그놈한테 또, 그놈 장난에 이놈이 또 속은 걸로…
[스님] 그러면 자, 속았다 안 속았다가 따로 있습니까?
[거사] 없어요. 아, 그러네요. 아, 이놈은요. 아, 속았다 안 속았다. 이놈은 두 개에요. 이것도 또 분별인가요? 가만히 있어 보세요.
[스님] 그냥 이놈에게 있어 보세요. 생각하지 마시고 그냥 이놈

에게 크기와 한계가 있습니까?

[거사] 없습니다.

[스님] 시간이 있어서 사용됩니까?

[거사] 없어요. 이놈한테는 못 붙여요.

[스님] 공간이 있습니까?

[거사] 못 붙여요.

[스님] 자. 그러면 속았다, 안 속았다가 붙습니까?

[거사] 못 붙여요. 그것도 못 붙여요.

[스님] 그렇죠?

[거사] 아!!!

[스님] 속았다도 이거고 안 속았다도 그냥 이거 아닙니까?

[거사] 아…

[스님] 속았다는 말에 떨어진 거 아닙니까?

[거사] 예, 예, 예.

[스님] 여기 속은 건 어디 있고, 안 속은 건 어디 있습니까?

[거사] 예!!! 없어요!!! 없는데!!! 아, 속았다도 이거고, 안 속았다도 이거다… 속았다도 이거고…

[스님] 여기는 무분별 아닙니까?

[거사] 예! 예, 예.

[스님] 무분별인데 속았다를 나누고 안 속았다를 나눌 수 있습니까?

[거사] 없어요!!! 없어요. 오!!! 그런데!!!

[스님] 여기서는 정리하면 안 됩니다. 머릿속에서 정리하면 안 되고, 그런데… 하고 정리에 들어가면 안 됩니다.

[거사] 아, 이놈이… 이놈이 그걸 하는데, 아… 이것, 저… 일생 이렇게 해 놓은 놈이라. 아… 이것 참, 끈질기네요. 그게 끈질기

네요!!! 그거…를… 아까까지만 해도 아무것도 없었던 놈이었었는데 이러고, 저러고 없었는데…

[스님] 지금 또 분별로 들어가셨죠?

[거사] 또 이놈이 또 그러네요.

[스님] 그런데 분별로 들어가면, 이거 아닙니까?

[거사] 아, 아, 들어가도…

[스님] 안 그렇습니까? 여기에 분별과 분별 아닌 게 있습니까?

[거사] 없어요!!! 없어요. 아… 분별해도 이거고 분별 안 해도 이거고.

[스님] 이해하는 게 아니라, 진실로 자기가 그러냐 이거예요. 자기가 봐야 됩니다. 진짜로 그러냐. 분별했다는 내용에 떨어지고 분별 안했다는 내용에 떨어진 거 아닙니까?

[거사] 그건 맞습니다. 떨어졌어요.

[스님] 여기에 분별과 분별 아닌 게 어디 있습니까? 분별하면 어떻습니까? 똑같지 않습니까?

[거사] 아, 똑같아요. 맞아요, 그건 맞습니다. 분별해도 이거고, 분별 안 해도 이거고, 똑같아요.

[스님] 생로병사도 없다고 그랬잖아요! 거사님, 생해도 이거고, 사(死)도 이거고, 노(老)도 이거고, 병(病)도 이거고, 분별도 이거고, 분별 아닌 것도 이거고. 분별… 하니까, 분별이라는 생각에 또 떨어진 거…

[거사] 이게 전부 나네요!!! 가만히 있어 보세요. 전부 다… 이놈이네요. 이놈은 이상한 놈이네요!!! 분별해도 이거고, 분별 안 해도 이거고.

[스님] 그냥 여기에… 분별 다 놓아버리고 그냥 있으십시오. 자꾸 분별하고 싶죠? 분별해도 이거고, 분별 안 해도 이거고, 또

들어가죠?

[거사] 예, 또 들어가요. 아무것도 없는 그놈이 지독한 재주를 가지고 있군요! 지독한 재주를 가지고 있는 놈이네요! 아이, 생각할수록 신기하네요! 그거는 신기하네요. 그건 인정해야겠네요. 이놈이, 아무것도 없는 놈이 또 이렇게, 또 장난치고…

[스님] 그런데 아무것도 없는 놈이 장난치면, 장난친 건 있습니까? 장난친 게 있다는 게, 다 분별 아닙니까?

[거사] 아, 장난치면… 칠 뿐, 또 분별에 들어가나?

[스님] 자, 그냥 여기에 있어 보십시오. 그냥 이 본래의 자리, 여기에 장난과 장난 아닌 걸 어떻게 구분할 수 있습니까? 장난은 어디 있고, 장난 아닌 건 어디 있습니까? 속은 건 어디 있고, 속지 않은 건 어디 있습니까?

[거사] 아… 그건 없어요!

[스님] 없죠? 방금 분별 속에 들어가니까, 장난 치고와 장난 안 치고가 또 분별이 되지요? 물론 모든 것을 다 분별할 수 있으되 어차피 이 하나 안의 일이잖아요? 그죠? 모든 것을, 우린 분별하고 살아야 돼요. 분별 못 하곤 살 수가 없어요. 모든 것을 다 분별하되 이 하나의 일이잖아요. 이 하나의 일이라는 것은 아무리 분별해도, 아무것도 분별한 바가 없잖아요?

[거사] 예, 여기…

[스님] 그 얘깁니다.

[거사] 예, 아이구. 스님! 또 이것도 분별하는 소린가? 이건 해도 분별해도 이거고 분별 안 해도 이놈이에요. 전부 다 이거에요! 전부 다 이거군요! 이거 아닌 것이 없다!!! 없는데…

[스님] 없는데… 라고 하지 마시고 본인이 직접 확인하십시오. 이거 아닌 게 있는지 없는지.

[거사] 아… 이거 아닌 거… 이거 아닌 걸 찾을 수 없어요!!!
아… 야…

부록 2 : 바이런 케이티의 깨달음

―「당신의 아름다운 세계」 제1장 법회인유분 중에서

1. 우주적인 농담

이렇게 나는 들었다. 부처님께서 사위국 아나타핀디카의 기원정사에서 1,250명의 비구와 함께 머물고 계셨다. 이른 아침 탁발할 시간이 되자, 부처님께서는 가사를 입은 뒤 바리때를 들고 사위성으로 들어가 한 집 한 집 다니며 음식을 비셨다. 탁발을 마치고 처소로 돌아와 밥을 드셨다. 이어 가사와 바리때를 치우고 발을 씻은 뒤 자리에 앉으셨다.

모든 삶, 모든 것이……. 아무것도 존재한 적이 없습니다. 아무것도 있을 수가 없습니다. 왜냐하면 어떤 것이 있는 것처럼 보이는 바로 그 순간, 그것은 이미 사라져 버렸기 때문입니다. 이 얼마나 유쾌한 농담인가요.
다른 식으로 얘기할 수도 있습니다. '붓다'라는 말은 내게 순수한 자비를 의미합니다. 그것은 세심하고 기쁜 자비이고, 왼쪽이나 오른쪽이나 위나 아래나 가능이나 불가능이 없는 자비이며, 실재하는 것에 깨어 있을 때, 우리에게서 저절로 흘러나오는 자비입니다. 자비는 자아[나]라는 것이 없음을 깨달은 후에 남아 있는 것입니다. 알아야 하는 것은 아무것도 없고, 그걸 알 사람도 없습니다. 그러니 내가 어떻게 이것을 알까요? 참 재미있습니다!

금강경은 단순한 탁발 행위로 시작합니다. 붓다가 음식을 구걸했다는 이야기를 들었을 때 나는 깊은 감동을 받았습니다. 붓다는 우주가 어떻게 움직이는지 이해했기 때문에 자신이 언제나 보살핌을 받고 있다는 걸 알았고, 자신을 초월적인 고귀한 존재나 영적 스승으로 여기지 않았습니다. 특별한 인물로 떠받들어지는 것도, 제자들의 시중을 받는 것도 거부했습니다. 그는 자신을 평범한 승려로 여겼습니다. 그래서 매일 아침 음식을 구걸하러 나가는 것은 자신이 해야 하는 일이었습니다. 그에게는 하루 한 끼 식사만으로 충분했습니다. 그는 지혜롭게도 어느 집이든 가리지 않고 가서 그 집 사람들이 음식을 줄지 안 줄지 염려하지 않고, 문 앞에 서 있었습니다. 그는 우주가 언제나 친절하다는 것을 잘 알았습니다. 그래서 말없이 그 집 사람들에게 바리때를 내밀고는 음식을 주든 안 주든 차분히 기다릴 수 있었습니다. 만일 그들이 음식을 주지 않으면, 붓다는 그 거절을 감사히 받았습니다. 자신에게 음식을 보시하는 특권이 그 집 사람 아닌 다른 사람의 것임을 이해했기 때문입니다. 음식 자체는 중요하지 않았습니다. 붓다는 음식이 필요하지 않았습니다. 그는 자신이 살아 있게 할 필요가 없었기 때문입니다. 그는 그저 사람들에게 자비로울 기회를 주고 있었을 뿐입니다.

스티븐이 승려라는 말은 '홀로 있는 사람'이라는 의미라고 알려주었습니다. 나는 그 의미를 사랑합니다. 현실에서 우리는 모두 혼자이기 때문입니다. 모든 사람은 유일한 존재입니다. 타인은 없습니다! 그러므로 나에게 승려란 절에 들어간 사람을 가리키는 말이 아니라, 모든 사람 즉 나와 여러분을 정직하게 묘사하는 말입니다. 나에게 진정한 승려란 보호하거나 방어해야 할 자아가 없음을 이해하는 사람입니다. 정해진 집이 없으니, 어디

서나 편안할 수 있음을 아는 사람입니다.

  1986년 현실로 깨어났을 때, 나는 내 모든 고통은 지금 있는 현실과 다투기 때문에 생긴다는 것을 깨달았습니다. 그전까지 나는 여러 해 동안 몹시 우울했고, 내 모든 문제의 원인은 세상 때문이라고 여기며 세상을 비난했습니다. 하지만 깨어난 뒤에는 나의 우울증은 주변 세상과 아무 상관이 없고, 내가 세상에 관하여 '믿던' 생각들 때문에 일어났음을 알게 되었습니다. 내 생각을 믿으면 괴롭지만, 생각을 믿지 않으면 괴롭지 않다는 것을 깨달았습니다. 또 그것이 모든 사람에게도 진실임을 알아차렸습니다. 자유는 이처럼 단순합니다.

  그날 아침 눈을 떴는데, 나에게는 집도 가족도 자아도 없었습니다. 그중 어느 것도 실재하는 게 아니었습니다. 비록 내게 케이티의 기억 창고가 있어서 그녀의 이야기를 참고할 수는 있었지만, 나는 아무것도 알지 못했습니다. 그래서 사람들이 내게 알려 주었습니다. "이건 탁자예요", "이건 나무입니다", "이 사람이 남편이에요", "이 아이들이 당신의 자녀입니다", "이게 당신 집이에요", "이건 우리 집이에요." 사람들은 이런 말도 했습니다. "모든 집이 당신의 집은 아니에요." 처음에는 누군가가 케이티의 이름과 주소, 전화번호를 종이에 써 주어야 했고, 나는 그 종이를 그녀의 주머니에 넣고 다녔습니다. 나는 눈에 띄는 건물 따위를 눈여겨보고, 헨젤과 그레텔 동화에 나오는 빵부스러기처럼 그것을 마음속에 간직해 두었습니다. 그래야 사람들이 우리 집이라고 부르는 곳으로 돌아오는 길을 찾을 수 있었습니다. 모든 것이 너무 새롭고 낯설어서, 내가 자란 소도시였지만 다섯 구역 떨어진 곳에서도 집으로 돌아오는 길을 찾기가 쉽지 않았습니다. 그래서 때로는 사람들이 나의 남편이라고 하는 폴이나 내 아이 중 하나가 나와 함께 다녔습니다.

　나는 늘 더없는 기쁨 속에 있었습니다. '나의 것'도 '너의 것'도 없었습니다. 내가 집착할 수 있는 것은 아무것도 없었습니다. 내게는 어떤 것도 이름이 없었기 때문입니다. 나는 길을 잃으면 사람들에게 다가가서 "그녀의 집이 어딘지 아세요?"라고 물은 적이 많았습니다. 모든 사람이 한결같이 친절했습니다. 사람들은 천진함을 알아보았습니다. 만일 누가 아기를 길 위에 놓아두고 떠나면, 사람들은 아기를 안고 보살피며 집을 찾아 주려 할 것입니다. 나는 아무 집에나 들어가곤 했습니다. 모든 집이 나의 집이라는 걸 알았기 때문입니다. 그래서 현관문을 열고 곧장 걸어 들어갔습니다. 모든 것은 우리 모두의 것임을 사람들이 알아차리지 못할 때마다 나는 늘 깜짝 놀랐습니다. 그런데 내가 그렇게 들어간 집의 사람들은 나를 아주 너그럽게 대해 주었습니다. 그들은 미소를 지었고, 기분 나빠하지 않았습니다. 때로는 마치 내가 우스운 말을 한 것처럼 웃음을 터뜨렸습니다. 어떤 이들은 "아니요, 이건 우리 집입니다"라고 말한 뒤, 다정하게 내 손을 잡고 문밖으로 데려다 주었습니다.

　매일 아침, 잠에서 깨자마자 침대에서 나와 옷을 입고는 거리를 걸었습니다. 나는 사람들에게 강하게 끌렸습니다. 아주 이상한 일이었습니다. 불과 얼마 전까지만 해도 '나'는 피해망상과 광장공포증에 시달리고 있었고, 나 자신과 사람들을 미워했기 때문입니다.

　이따금 나는 낯선 사람에게 다가가서—그 사람이 나 자신이고, 다시 나일 뿐임을 알았으므로—그를 얼싸안거나 손을 잡았습니다. 그런 행동이 내게는 아주 자연스럽게 느껴졌습니다. 하지만 사람들의 눈에서 두려움이나 불편한 기색이 보이면 나는 물러났습니다. 그런 반응을 보이지 않으면 그들에게 얘기했습니다. 처음 몇 번은 내가 보는 대로 말했습니다. "하나만 있어요! 하나만 있어요!" 그런데 곧 그런 행위에 불균형이 있음을 알아차렸습니다. 사람들에게 강요하는 것처럼 느껴졌기 때문입니다. 그들에게는 그런 말이 당연해 보이지 않았으므로 받아들일 수 없었습니다. 어떤 이들은 내 안에서 보는 것을 좋아하고, 웃고, 안전하다고 느끼는 것 같았습니다. 내 말이 이해되지 않아도 개의치 않는 것 같았습니다. 하지만 어떤 사람들은 미친 사람 보듯이 나를 바라보았습니다. 또한 나는 온전한 진실을 말하지 않으면 편안하게 느껴지지 않는다는 것을 알아차렸습니다. 그래서 "아무것도 없어요! 아무것도 없어요!"라고 말했고, 손가락으로 '0'을 표시해서 보여 주었습니다. 하지만 이렇게 말했을 때, 사람들에게 오직 하나만 있다고 말했을 때와 같은 느낌이 들었습니다. 그래서 나는 그런 말을 그만 두었습니다. 결국은 그게 친절한 행위였습니다.

 진실은 아무것도 없는 것조차 아닙니다. "아무것도 없다"는 것은 어떤 무엇(something)]의 이야기입니다. 현실은 그 이야기 이전입니다. 나는 그 이야기 이전이고, '아무것도 없음(nothing)' 이전입니다. 그것은 말로 표현할 수 있는 것이 아닙니다. 그것에 대해 말하는 것조차 그것에서 멀어집니다. 내가 이해하는 것들은 어느 하나도 말로 옮길 수 없음을 나는 곧 깨달았습니다. 그렇지만 그것들은 내게 너무나 단순하고 분명했습니다. 그것들은 이렇게 들렸습니다. "시간과 공간은 실제로 존재하지 않는다. 모름이 모든 것이다. 오직 사랑만 있다." 하지만 사람들은 그런 진실을 받아들일 수 없었습니다.

 내가 살던 바스토우의 거리를 몇 달 동안 걸어 다녔습니다.

나는 끊임없는 지극한 기쁨 속에 있었고, 너무나 기쁨에 취해서 내 자신이 마치 걸어 다니는 전구처럼 느껴졌습니다. 가끔 사람들이 나를 보고 '빛나는 여인'이라고 말하는 소리가 들렸습니다. 나는 그 빛이 나를 다른 사람들과 분리시킨다고 느꼈습니다. 그래서 환한 빛은 계속되었지만(오늘까지도), 마침내 그 빛은 내 안으로 들어갔고, 나는 더 평범해 보이기 시작했습니다. 그것은 평범해지고 균형 잡히기 전에 사람들에게 별 가치가 없었습니다.

붓다의 머리 주위에 후광이 있는 모습을 상상하는 화가가 많다고 스티븐이 얘기해 줍니다. 그러나 붓다나 그와 같은 사람들에게서 나오는 빛은 내면의 빛이었습니다. 그것은 세상이 자기 마음에서 나온다는 것을 이해하므로 세상 속에서 완전히 평안할 때 나오는 빛이었습니다. 붓다는 감사의 경험에 덧씌워지는 모든 생각을 꿰뚫어 보았습니다.

그가 탁발하러 나가서 음식을 받을 때, 그 받음의 경험은 아주 깊어서 그 자체로 주는 행위입니다. 그것은 음식 이상의 음식입니다. 그는 기원정사로 돌아와서 받은 음식을 내려놓고 앉아 식사하고, 그 모든 것이 가능해지도록 돕는 바리때를 씻고, 발을 씻은 뒤 조용히 자리에 앉습니다. 자신이 입을 열어 말을 할지 안 할지, 사람들이 들을지 안 들을지 알지 못한 채, 지금 이 순간의 이전이나 이후의 세계에 대한 어떠한 증거도 없이, 평온하고 감사하며 준비를 합니다. 음식을 받은 사람, 도움을 받은 사람, 음식이 줄 수 있는 것 이상의 무엇으로 자양분을 받은 사람으로 앉아 있습니다. 그렇게 고요히 앉아 있을 때, 마음은 곧 상대방처럼 보이는 사람을 통해, 자기에게 질문하고, 이해로 자기를 만납니다. 과거도 미래도 없이, 이름 붙일 수 없는 자아 안에, 존재할 수 없는 자아, 환희 빛나는 무아(無我) 안에 머무르며…….

마침인사 : 소를 찾는 여행

제 삶을 뒤돌아보니, 소를 타고 있으면서 소를 찾는 심우도(尋牛圖)[11])의 그림이 생각났습니다. 절의 벽화에 그려져 있지요. 자기 스스로 자기가 어느 단계에 있는지 살펴볼 일입니다.

1. 심우(尋牛) : 소를 찾아 나서다

> 저자의 견처

우리는 이 몸뚱이 있을 때 잘 먹고 잘 살면 그만이라는 부귀영화의 추구 문화권에 있습니다. 자기 자손만 잘 되면 된다는 사람들도 많습니다. 그런데 한편으로는 왕이 될 사람이 왕이 되는 것을 포기하고 진리를 깨달은 석가모니를 추앙하는 문화도 있습니다. 또 하나님의 덕택으로 이 세상에서 잘 먹고 잘 살고, 죽어서도 천국에 가서 편안하게 잘 먹고 잘 살겠다는 문화를 집요하게 추구하는 사람들도 있습니다.

모두가 '몸'을 자기로 알고 살아가는 사람들의 에고의 이야기가 아닐까요?

몸은 분명히 죽는 것이고, '무엇'이 나가면 몸은 그대로 있어도 움직이지 못합니다. 그리고 깊은 잠을 자면 나도 너도 세계도 아무것도 없어지는데, 잠과 죽음이 다를까요?

원하는 것은 무엇이든 다 줄 테니 말해 보라는 정복자 알렉산더에게, 디오게네스가 해를 가리지 말고 비켜달라고 한 이유는

---

11) 잘 만들어진 '통도사의 심우도' 유튜브 동영상 사이트를 소개합니다.
https://www.youtube.com/watch?v=Q3MeDFTJyiw

무엇일까요?

 무엇이든지 당신이 하고자 하는 것을 다 할 수 있는 능력을 주겠다는 마귀의 유혹을 떨쳐버리신 예수님의 뜻은 무엇이었을까요? 그 능력을 받았더라면 이 세상 무슨 일이든 자기 마음대로 다 했을 것인데 말입니다.

 이 세상의 삶이, 몸을 가지고 사는 이 삶이 전부일까요? 진정한 나는 무엇일까요? 이런 의문을 갖는 사람들도 있을 것입니다. 그래서 '나는 누구인가?', '나는 과연 무엇인가?'를 찾아 나서는 단계의 사람도 있습니다.

 이 사람들의 행위를 '심우(尋牛)'라고 하는 것 같습니다. 실효성도 없는 쓸데없는 짓이라고 비난하는 사람들도 많습니다.

 이렇게 비난하는 사람들은 이 세상의 삶이 만들어지는 것은 나라는 생각이 만드는 것이 아니라, 소위 말하는 '소'가 하는 것임을 모르는 소치입니다.

 이를 어두운 사람, 밝지 못한 사람[무명(無明)]이라고 합니다.

 천상천하에 나, 즉 소만 있다[천상천하 유아독존(天上天下唯我獨存)]고 가르치신 분이 계시고, 나의 뜻대로 하지 마시고, 당신[소]의 뜻대로 하라고 기도하신 분도 계십니다.

 그러나 알고 보면, 자기가 타고 있으면서도 타고 있는 소를 찾는 것입니다.

 소를 찾는 이가 바로 나입니다.

 나, 나, 나!

 단 한 순간도 벗어날 수도 없고 잃어버릴 수도 없습니다.

 그런데 몸이 나이고 마음이 나라는 생각을 가진 '에고'를 나로 착각하기 때문에 산속, 즉 고통의 바다[삶]를 헤맵니다. 에고가 타고 있는 소를 밖으로만 찾아다니니 찾을 수가 없습니다.

타고 있는 소만 있고, 에고인 나는 본래 없음[무(無)]을 문득 체득하면 되는데 말입니다.

　다음은 곽암사원(廓庵師遠)스님의 원문과 게송, 석고희이화상과 괴납대련화상의 화답송입니다.12)

[곽암사원 원문]
종내불실 하용추심(從來不失, 何用追尋)
유배각이성소 재향진이수실(由背覺以成疎, 在向塵而遂失)
가산점원기로아차(家山漸遠岐路俄差)
득실치연시비봉기(得失熾然是非鋒起)

애초에 잃지 않았는데 어찌 찾을 필요 있겠는가.
깨침을 등진 결과 멀어져서 세간을 향하다가 길을 잃었다.
고향집에서 점차 멀어져 갈림길에서 잠시 어긋나
얻고 잃음은 불타는 듯 하니 옳고 그름의 분별력도 일어나네.

[곽암사원 게송]
망망발초거추심(茫茫撥草去追尋)
수활산요로갱심(水闊山遙路更深)
역진신피무처멱(力盡神疲無處覓)
단문풍수만선음(但聞楓樹晩蟬吟)

아득히 펼쳐진 수풀을 헤치고 소 찾아 나서니
물은 넓고 산은 먼데 길은 더욱 깊구나.

---
12) 곽암사원(廓庵師遠)스님의 원문과 게송, 석고희이화상과 괴납대련화상의 화답송은 심우도 작성자 동산/혜산방 블로그(orionsr.tistory.com)에서 인용합니다.

힘 빠지고 피로해 소 찾을 길은 없는데
오로지 저녁 나뭇가지에서 매미 울음만이 들리네.

[석고희이(石鼓希夷)화상 화답송]
지관구구향외심(只管區區向外尋)
부지각저이니심(不知脚底已泥深)
기회방초사양리(幾回芳草斜陽裏)
일곡신풍공자음(一曲新豊空自吟)

오로지 급하게 밖을 향해 찾으나
발 밑 진흙 수렁이 이미 깊은 줄도 모르네.
몇 번인가 방초 우거진 석양 속에서
풍년가 한 곡조 부질없이 부르네.

[괴납대련(壞衲大璉)화상 화답송]
본무종적시수심(本無踪跡是誰尋)
오입연라심처심(誤入烟蘿深處深)
수파비두동귀객(手把鼻頭同歸客)
수변임하자침음(水邊林下自沈吟)

본래 자취도 없는데 그 누가 찾는고?
우거진 등 넝쿨 깊은 곳에 잘못 들어 왔구나.
손으로 얼굴 잡고 함께 돌아가는 나그네가
물가 나무 아래서 스스로 읊조리네.

2. 견적(見跡) : 소의 발자국을 발견하다

> 저자의 견처

　살다보면 죽어버리는 내 몸이나 마음이 아닌, 알 수 없는 무엇인가가 있는 것 같다는 느낌을 발견하게 됩니다. 그래서 그 자취를 따라서 여기저기를 기웃거리고 이것저것을 찾아 해 보게 됩니다.

[곽암사원 원문]
의경해의(依經解義) 열교지종(閱敎知宗)
명중기위일금(明衆器爲一金)
체만물위자기(體萬物爲自己)
정사불변(正邪不辨) 진위계분(眞僞計分)
미입사문(未入斯門) 권위견적(權爲見跡)

경전에 의거해 뜻을 헤아리고 가르침을 배워서 그 자취를 안다.
그릇들이 다 한 가지로 금임을 밝혀내고
우주만물이 곧 자기라는 사실을 체득한다.
바름과 삿됨을 가려내지 못한다면, 어찌 참됨과 거짓을 구분할 수 있으리오.
아직 입문하진 않았으나 임시방편으로 자취를 본다.

[곽암사원 게송]
수변림하적편다(水邊林下跡偏多)
방초리피견야마(芳草離披見也麽)
종시심산갱심처(縱是深山更深處)

요천비공하장타(遼天鼻孔何藏他)

물가 나무 아래 발자국 어지럽게 많으니,
방초를 헤치고서 그대는 보는가 못 보는가?
가령 깊은 산 깊은 곳에 있다 해도
하늘 향한 들창코를 어찌 숨기랴!

[석고희이(石鼓希夷)화상 화답송]
고목암전차로다(枯木巖前差路多)
초과리곤각비마(草裹裏緄覺非麼)
각근약야수타거(脚根若也隨他去)
미면당두차과타(未免當頭蹉過他)

고목나무 바위 앞에 엇갈린 길도 많다.
풀더미에 발이 걸리니 잘못인 줄 알았느냐?
발자취를 따라서 줄곧 따라만 간다면,
정작 마주칠 땐 그냥 지나치리라.

[괴납대련(壞衲大璉)화상 화답송]
견우인소멱우다(見牛人少覓牛多)
산북산남견야마(山北山南見也嚰)
명암일조거래로(明暗一條去來路)
개중인취별무타(箇中認取別無他)

소를 보는 사람은 적고 소를 찾는 이는 많다.
산의 북쪽과 남쪽을 보는가 마는가?

밝고 어두운 한 줄기로 오가는 길,
그 속에서 느껴야지 따로 있지 않다네.

3. 견우(見牛) : 자기가 타고 다니는 소를 발견하다

> 저자의 견처

　아! 아! 내가 에고가 아닌 이 소를 이렇게 타고 있구나!
　그런데 이 소가 희지도 않고 푸르지도 않으며, 그림을 그리려 해도 그릴 수가 없으니, 그런 것 같기도 하고 아닌 것 같기도 하고, 긴가민가합니다.

[곽암사원 원문]
종성득입(從聲得入) 견처봉원(見處逢源)
육근문(六根門) 착착무차(着着無差)
동용중(動用中) 두두현로(頭頭顯露)
수중염미(水中鹽味) 색리교청(色裏膠靑)
잡상미모(眨上眉毛) 비시타물(非是他物)

소리를 쫓아 들어가니, 보는 곳마다 근원과 마주친다.
여섯 기관의 문마다 한 치도 어긋남이 없네.
움직이는 작용 속에, 낱낱이 바탕을 드러냈다.
물속의 소금 맛이요, 물감 속의 아교인데
눈썹을 치켜뜨고 바라 봐도, 별다른 물건이 아니로다.

[곽암사원 게송]
황앵지상일성성(黃鸚枝上一聲聲)
일난풍화안유청(日暖風和岸柳靑)
지차갱무회피처(只此更無回避處)
삼삼두각화난성(森森頭角畵難成)

노란 꾀꼬리가 나뭇가지 위에서 지저귀고,
햇볕은 따사하고 바람은 서늘한데 언덕의 버들은 푸르기만 하다
더 이상 빠져나와 갈 곳이 다시 없나니
위풍당당한 쇠뿔은 그리기가 어려워라.

[석고희이(石鼓希夷)화상 화답송]
식득형용인득성(識得形容認得聲)
대숭종차묘단청(戴崇從此妙丹靑)
철두철미혼상사(徹頭徹尾渾相似)
자세간래미십성(子細看來未十成)

소의 모습을 알아보고 그 소리도 알아듣나니,
화가 대숭이 이로부터 멋진 그림을 그렸다네.
머리부터 발끝까지 온통 비슷하지만,
자세히 살펴보니 온전치는 못하구나!

[괴납대련(壞衲大璉)화상 화답송]
맥면상봉견이정(驀面相逢見而呈)
차우비백역비청(此牛非白亦非靑)
점두자허미미소(點頭自許微微笑)

일단풍광화불성(一段風光畵不成)

갑자기 마주치면서 얼굴을 드러내니,
이 소가 희지도 않고 푸르지도 않구나!
스스로 머리 끄덕여 빙그레 웃으니,
한 줄기 풍광은 그려도 그림이 되지 않는다.

4. 득우(得牛) : 본래 있던 소이니, 얻었다고 할 수도 없고, 얻지 못했다고 할 수도 없다

〔저자의 견처〕

　새로 얻었다면 잃어버릴 수도 있는 것이니 얻는 것이 아닙니다. 그러나 그동안 몸과 마음이 나라고 알고 있다가, 그것이 아니고 소가 나구나 하고 새롭게 채득하였으니, 새로 얻었다고 할 수도 있습니다.
　그러나 에고인 나가 아무것도 없음을 체득하니, 모두가 소이더라.
　고삐[에고]를 놓으면 소가 마음대로 날뛸 것만 같도다. 또 뱀인 줄 알았더니 뱀이 아니고 새끼줄이더라!

[곽암사원 원문]
구매교외(久埋郊外) 금일봉거(今日逢渠)
유경승이난추(由境勝以難追) 연방총이불기(戀芳叢而不已)
완심상용(頑心尙勇) 야성유존(野性猶存)
욕득순화(欲得純和) 필가편달(必加鞭撻)

오랫동안 야외에 숨어 있었는데, 오늘에야 비로소 그댈 만났네.
뛰어난 경치 때문에 쫓아가기 어려운데, 싱그러운 수풀 속을 끊임없이 그리워하네.
고집 센 마음은 여전히 날뛰니, 야성이 아직도 남아 있구나!
온순하게 하고 싶으면, 반드시 채찍질을 가해야 한다.

[곽암사원 게송]
갈진정신획득거(竭盡精神獲得渠)
심강력장졸난제(心强力壯卒難除)
유시재도고원상(有時纔到高原上)
우입연운심처거(又入煙雲深處居)

온 정신을 다하여 이놈을 잡았으나,
힘세고 마음 강해 다스리기 어려워라.
어느 땐 고원 위에 올랐다가도,
어느 땐 구름 깊은 곳에 들어가 머무누나.

[석고희이(石鼓希夷)화상 화답송]
뇌파승두막방거(牢把繩頭莫放渠)
기다모병미증제(幾多毛病未曾除)
서서맥비견장거(徐徐驀鼻牽將去)
차요회두식구거(且要廻頭識舊居)

고삐를 꽉 잡고 그놈을 놓지 말라.
숱한 나쁜 버릇은 아직 없어지지 않았으니,
천천히 코뚜레를 꿰어 끌고 가더라도,

또 머리를 돌려 예 있던 곳을 알고자 하네.

[괴납대련(壞衲大璉)화상 화답송]
방초연천착득거(芳草連天捉得渠)
비두승삭미전제(鼻頭繩索未全除)
분명조견귀가로(分明照見歸家路)
녹수청산잠기거(綠水靑山暫寄居)

방초의 하늘 닿은 데서 이놈을 붙잡았지만
코 꿴 고삐가 완전히 없어지진 않았구나!
고향집 가는 길을 분명히 비추어 보니,
푸른 물 푸른 산에 잠시 머물렀을 따름이네.

5. 목우(牧牛) : 소를 키우는 단계로 들어가야 한다. 그래서 보조국사께서도 호를 '목우자(牧牛者)'라 하였다

저자의 견처

이 달콤한 소의 고삐를 놓기가 그렇게 어려운가 봅니다.
또 에고의 입장에서 얻은 것 같은 체험의 진정한 소는 잠시 지나가는 꿈같습니다.
그러니 이 참나인 소에게 모든 것을 믿고 맡기는 수행 아닌 수행의 단계가 필요하다고 합니다. 그러나 쓸데없는 수고로움일 뿐입니다.
즉, 이 세상 만물만상과 그 작용이 진리[소와 소의 움직임] 아님이 없구나…

음메…
이렇게 살아야 합니다.
아! 아! 내가 하는 줄 알았더니 모두 이 소가 하더라!

[곽암사원 원문]
전사재기(前思裳起) 후념상수(後念相隨)
유각고이성진(由覺故以成眞) 재미고이위망(在迷故而爲妄)
불유경유(不由境有) 유자심생(唯自心生)
비삭노견(鼻索牢牽) 불용의의(不容擬議)

앞 생각이 조금이라도 일어나면, 뒷 생각도 뒤따르나니,
깨달음으로 인해 진실을 이루기도 하며, 미혹으로 인해 거짓이 되기도 한다.
대상 사물 때문에 그런 것이 아니라, 오직 스스로 마음이 일어났을 뿐이요,
코를 꿴 고삐를 당길 뿐이니, 사량분별은 용납치 않는다.

[곽암사원 게송]
편삭시시불리신(鞭索時時不理身)
공이종보입애진(恐伊縱步入埃塵)
상장목득순화야(相將牧得純和也)
기쇄무구자축인(羈鎖無拘自逐人)

채찍과 고삐를 늘 몸에서 떼지 말라.
멋대로 걸어서 티끌 세계에 들어갈까 두려우니,
앞으로 잘 길들여서 온순하게 되면,

고삐를 잡지 않아도 저절로 사람을 따를 것이다.

[석고희이(石鼓希夷)화상 화답송]
감분산림기차신(甘分山林寄此身)
유시역도마제진(有時亦蹈馬蹄塵)
부증범착인묘가(不曾犯着人苗稼)
내왕공로배상인(來往空勞背上人)

산림이 제 분수라 여겨 즐거이 몸을 맡기고,
어떤 때는 티끌 날리는 거리로 들어간다.
일찍이 남의 논밭에 침범한 적은 없나니,
가고 옴에 소 탄 사람은 쓸데없이 수고롭네.

[괴납대련(壞衲大璉)화상 화답송]
목래순숙자통신(牧來純熟自通身)
수재진중불염진(雖在塵中不染塵)
농래각득차타력(弄來却得蹉墮力)
임하상봉소살인(林下相逢笑殺人)

완숙하게 길들여져 절로 몸에 밴다면,
티끌 속에 있더라도 물들지 않으리라.
타고 놀다 오히려 좌절을 겪은 덕택에,
숲 아래서 마주치자 자지러지게 웃어대네.

6. 기우귀가(騎牛歸家) : 소를 타고 집에 돌아가다

> 저자의 견처

소를 발견하고 키우다 보니, 나만 소를 탄 것이 아닙니다.
모두가 소를 타고 있습니다.
그러니 깨달았다 해도 평등하여 높고 낮음이 없으니, 특별한 것이 없습니다.
집에서 평범하게 살아갑니다.

[곽암사원 원문]
간과이파(刊戈已罷) 득실환공(得失還空)
창초자지촌가(唱樵子之村歌) 취아동지야곡(吹兒童之野曲)
신횡우상(身橫牛上) 목시운소(目視雲素)
호환불회(呼喚不回) 노롱부주(撈籠不住)

투쟁이 끝나서, 얻음도 잃음도 모두 비었구나!
나무꾼의 시골노래를 흥얼거리며, 시골 아이들의 풀피리를 불어 보노라.
태평한 모습으로 소 등에 누워, 눈은 아득한 허공을 바라본다.
불러도 불러도 돌아보지 않고, 끌어당겨도 더 이상 물러나지 않는다.

[곽암사원 게송]
기우이리욕환가(騎牛離犁欲還家)
강적성성송만하(羌笛聲聲送晚霞)

일박일가무한의(日拍一歌無限意)
지음하필고순아(知音何必鼓唇牙)

소를 타고 유유히 집으로 돌아가노라니,
오랑캐 피리소리가 저녁놀에 실려 간다.
한 박자 한 곡조가 한량 없는 뜻이려니,
곡조 아는 이라고 말할 필요가 있겠는가!

[석고희이(石鼓希夷)화상 화답송]
지점전파즉시가(指點前坡卽是家)
선취동각출연하(旋吹桐角出煙霞)
홀연변작환향곡(忽然變作還鄉曲)
미필지음긍백아(未必知音肯伯牙)

앞 언덕을 가리키니 바로 집이라,
이윽고 오동피리를 불며 석양 속에 나타난다.
홀연히 음악은 환향곡으로 바뀌나니,
곡을 아는 자는 백아보다 낫다 하리라.

[괴납대련(壞衲大璉)화상 화답송]
도기득득자귀가(倒騎得得自歸家)
약립사의대만하(蒻笠蓑衣帶晚霞)
보보청풍행처은(步步淸風行處穩)
불장촌초괘순아(不將寸草掛唇牙)

거꾸로 소를 타고 집에 돌아가니,

삿갓과 도롱이도 저녁놀에 물들었다.
걸음마다 맑은 바람에 가는 길이 편안하니,
빈약한 촌초로선 입을 열지 못한다네.

7. 망우존인(忘牛存人) : 소는 잊고 사람만 있다

> 저자의 견처

　그렇게 찾던 소가 자기라니, 기가 막히겠지요.
　진리가 이렇게 나로 나타났으니, 내가 생각할 때 나쁜 것도 소요, 좋은 것도 소이니, 소는 좋은 소, 나쁜 소가 없습니다.
　그러니 따로 좋은 소를 찾을 것이 없음을 알면, 따로 소를 찾을 필요가 없으니, 소를 잊는 것이지요.
　여러 인연으로 잘 먹고 잘 사는 사람도 소를 찾을 필요를 느끼지 않을 것입니다. 그러나 이 몸이 죽을 때 당황하고 허둥지둥할 것입니다.

[곽암사원 원문]
법무이법(法無二法) 우차위종(牛且爲宗)
유제토지이명(喩蹄兎之異名) 현전어지차별(顯筌魚之差別)
여금출광(如金出鑛) 사월이운(似月離雲)
일도한광(一道寒光) 위음겁외(威音劫外)

법엔 두 법이 없나니, 임시 소에 의탁해 종으로 삼았노라.
올가미와 토끼가 명칭이 다른 것 같고, 통발과 고기가 구별되는 것과 마찬가지일세.
마치 금이 광석에서 나오고, 달이 구름을 벗어난 것 같으니,

한 줄기 차가운 빛은 억겁 밖의 소리로다.

[곽암사원 게송]
기우이득도가산(騎牛已得到家山)
우야공혜인야한(牛也空兮人也閑)
홍일삼간유작몽(紅日三竿猶作夢)
편승공돈초당간(鞭繩空頓草堂間)

소를 타고 이미 고향에 도착하였으니,
소는 사라지고 사람까지 한가롭네.
붉은 해는 높이 솟아도 여전히 꿈꾸는 것 같으니,
채찍과 고삐는 띠집 사이에 부질없이 놓여 있네.

[석고희이(石鼓希夷)화상 화답송]
난내무우진출산(欄內無牛趁出山)
연사우립역공한(烟簑雨笠亦空閑)
행가행락무구계(行歌行樂無拘繫)
영득일신천지간(得一身天地間)

산에서 끌고 온 소, 집안에는 없고,
삿갓과 도롱이도 쓸데없다.
즐겁게 노래하며 가는 길에 전혀 걸림이 없으니,
온 천지 사이에서 한 몸만이 자유롭네.

[괴납대련(壞衲大璉)화상 화답송]
귀래하처불가산(歸來何處不家山)
물아상망진일한(物我相忘鎭日閑)
수신통현봉정상(須信通玄峰頂上)
개중혼불류인간(箇中渾不類人間)

돌아오니 어디 하나 고향 아니랴,
대상과 나 또한 모두 잊으니 종일 한가롭네.
현지를 통한 봉우리 정상을 반드시 믿을지니,
그 속에선 온갖 것이 인간세상 아니더라.

8. 인우구망(人牛俱[함께 구]忘) : 소도 없고 사람도 없다

> 저자의 견처

본래 아무것도 없습니다.
혜능대사도 본래무일물(本來無一物)이라 했습니다.
「금강경」의 아상(我相), 인상(人相), 중생상(衆生相), 수자상(壽者相)이 없는 경지입니다.
약견제상(若見諸相) 비상(非相)이면 즉견여래(卽見如來)니라.
원불교에서는 이를 일원상의 자리라 합니다.
여기는 아무것도 없는 경지입니다. 그러니 아무것도 모릅니다.
바이런 케이티라는 미국 여성이 현실로 깨어났을 때, 자기 남편도 자녀들도 몰라보았습니다. 만나는 사람이 모두 자기였습니다. 보이는 집이 전부 자기 집이었습니다. 자기 집도 찾아가지 못했습니다. 분별이 전혀 없었습니다.

마하리쉬도 우리가 보는 현상계가 실재한다고 믿으면, 참나를 깨달을 수 없다고 했습니다. 새끼줄을 뱀으로 보는 한은 진정한 새끼줄을 모르는 것과 같다고 했습니다.

우리가 접하는 모든 현상이 실재하는 것이 아닙니다.

즉, 사람도 없고 소도 없는 인우구망(人牛俱忘)의 경지가 깨달음의 경지입니다.

[곽암사원 원문]
범정탈락(凡情脫落) 성의개공(聖意皆空)
유불처불용오유(有佛處不用懊遊) 무불처급수주과(無佛處急須走過)
양두불착(兩頭不着) 천안난규(千眼難窺)
백조함화(百鳥啣華) 일장마라(一場瑪囉)

범속한 생각을 탈락하고, 거룩한 뜻도 다 비어 있다.
부처가 있는 세계엔 놀 필요가 없고, 부처 없는 세계는 모름지기 급히 지나가야 한다.
범속함과 거룩함 둘 다에 집착하지 않으니, 관음보살의 천안이라도 엿보기 어려워라.
온갖 새들이 꽃을 물고 와 공양하는 것은, 오히려 한바탕 부끄러운 장면일 뿐이네.

[곽암사원 게송]
편삭인우진속공(鞭索人牛盡屬空)
벽천요활신난통(壁天遼闊信難通)
홍로염상쟁용설(紅爐焰上爭容雪)
도차방능합조종(到此方能合祖宗)

채찍과 고삐, 사람과 소는 다 비어 있나니,
푸른 허공만이 가득히 펼쳐져 소식 전하기 어렵도다.
붉은 화로의 불꽃이 어찌 눈을 용납하리오.
이 경지에 이르러야 조사의 마음과 합치게 되리라.

[석고희이(石鼓希夷)화상 화답송]
참괴중생계이공(慙愧衆生界已空)
개중소식약위통(箇中消息若爲通)
후무래자전무거(後無來者前無去)
미심빙수계차종(未審憑誰繼此宗)

부끄럽구나! 중생계도 이미 비었으니,
그 가운데 소식을 어찌 통할 것인가!
뒤에 오는 자도 없고 앞에 가는 이도 없으니,
모르겠다! 누구에게 종지를 계승한다고 하는지를.

[괴납대련(壞衲大璉)화상 화답송]
일추격쇄대허공(一鎚擊碎大虛空)
범성무종로불통(凡聖無縱路不通)
명월당전풍삽삽(明月堂前風颯颯)
백천무수부조종(百川無水不朝宗)

한 번 크게 내려 큰 허공을 부숴버리다.
범부 성인의 자취는 없고 길도 통하지 않네.
명월당 앞에 부는 바람은 쓸쓸한데,
세상의 모든 강들은 바다로 흘러든다.

9. 반본환원(返本還源) : 본래의 자리로 돌아왔으니, 별로 다른 것이 없다

저자의 견처

본래 있던 소를 타고, 이렇게 소를 타고 있는 이곳으로 돌아왔으니 다른 것이 없다는 것입니다.

나의 본래 모습을 회복하여 일체 만물을 바라보니 이 세상 만물만상이 나, 즉 진리[소] 아님이 없더라.

나만 소를 탄 것이 아니고 모두가 소를 타고 있더라.

그러니 현실이 어떤 것이든 그것과 다투지 아니하고, 나쁜 현실도 그대로 받아들여 사랑하게 됩니다.

[곽암사원 원문]
본래청정불수일진(本來淸淨不受一塵)
관유상지영고(觀有相支榮枯)
처무위지응적(處無爲之凝寂) 부동환화(不同幻化)
기가수치(豈假修治)
수록산청(水綠山靑)
좌관성패(坐觀成敗)

본래 청정해서 한 티끌에도 물들지 않으면서,
모습 있는 만유의 영고성쇠를 본다.
함이 없는 고요한 경지에 머물러, 더 이상 환상과 동일시하지 않으니,
어찌 수행과 계율에 의지하리오!

물은 맑게 흐르고 산은 푸르른데,
홀로 앉아 세상의 흥망성쇠를 바라보노라.

[곽암사원 게송]
반본환원이비공(返本還源已費功)
쟁여직하약맹롱(爭如直下若盲聾)
암중불견암전물(庵中不見庵前物)
수자망망화자홍(水自茫茫花自紅)

근원으로 돌아가 돌이켜 보니 온갖 노력을 기울였구나!
차라리 당장에 귀머거리나 장님 같은 것을,
암자 속에 앉아 암자 밖 사물을 인지하지 않나니,
물은 절로 아득하고 꽃은 절로 붉구나!

[석고희이(石鼓希夷)화상 화답송]
영기불타유무공(靈機不墮有無功)
견색문성기용롱(見色聞聲豈用聾)
작야금오비입해(昨夜金烏飛入海)
효천의구일륜홍(曉天依舊一輪紅)

신령한 기틀은 유무의 공에 떨어지지 않아서,
빛깔도 보고 소리도 듣는데, 어찌 귀머거리이겠는가!
어젯밤 금가마귀가 날아서 바다로 들어가니,
새벽 하늘에 예와 같이 둥근 해가 떠 있도다.

[괴납대련(壞衲大璉)화상 화답송]
용진기관비진공(用盡機關費盡功)
성성저사불여롱(惺惺底事不如聾)
초혜근단래시로(草鞋根斷來時路)
백조부제화란홍(白鳥不啼花亂紅)

기관을 다 써서 모든 노력을 했어도,
또랑또랑한 그 일은 귀머거리만 못하네.
짚신 끈이 다 해어진 채 돌아오는 길에는,
새들이 울지 않는데 꽃들만 붉게 피었어라.

10. 입전수수(入廛[가게 전]垂[드리울 수]手) : 가게로 돌아와서 발을 드리우고 장사를 하다

> 저자의 견처

　시장에 일 있으면 표주박 하나 들고 들어갑니다.
　그냥 살아가는 것이지, 제도할 중생이 있다고 나서지 아니합니다.
　선악과(善惡果), 즉 좋은 과일, 나쁜 과일을 가리지 아니하고, 필요에 따라 사고팔고 합니다.
　땔나무하고 물을 길지요.
　일일시호일(日日是好日)이니, 항상 기뻐하라고 합니다.
　일 끝나면 지팡이 짚고 집으로 돌아가더라!

[곽암사원 원문]
시문독엄(柴門獨掩) 천성부지(千聖不知)
매자기지풍광(埋自己之風光) 부전현지도철(負前賢之途轍)
제표입시(提瓢入市) 책장환가(策杖還家)
주사어행(酒肆魚行) 화령성불(化令成佛)

싸리문을 닫고 홀로 고요하니, 천 명의 성인이라도 그 속을 알지 못하네.
자기의 풍광은 묻어 버리고, 옛 성현들이 간 길들도 등져버린다.
표주박을 들고 저자에 들어가며, 지팡이 짚고 집으로 돌아간다.
술집도 가고 고깃간도 들어가서, 교화를 펼쳐 부처를 이루게 한다.

[곽암사원 게송]
노흉선족입전래(露胸跣足入廛來)
말토도회소만시(抹土塗灰笑滿腮)
불용신선진비결(不用神仙眞秘訣)
직교고목방화개(直敎枯木放花開)

맨 가슴 맨발로 저자에 들어오니,
재투성이 흙투성이라도 얼굴에 가득한 함박웃음.
신선이 지닌 비법 따위를 쓰지 않아도,
당장에 마른 나무 위에 꽃을 피게 하누나!

[석고희이(石鼓希夷)화상 화답송]
자한친종이류래(者漢親從異類來)
분명마면여노시(分明馬面驢駕顋)

일휘철봉여풍질(一揮鐵棒如風疾)
만호천문진격개(萬戶千門盡擊開)

이놈은 틀림없이 이류에서 왔구나.
말의 얼굴과 당나귀 뺨이 너무나 분명하다.
질풍처럼 몽둥이를 한 번 휘둘러서,
이 세상의 모든 문들을 두들겨 여네.

[괴납대련(壞衲大璉)화상 화답송]
수리금추벽면래(袖裏金木追劈面來)
호언한어소영시(胡言漢語笑盈顋)
상봉약해불상식(相逢若解不相識)
누각문정팔자개(樓閣門庭八字開)

소매 속의 금방망이가 정면에서 떨어지니,
오랑캐 말, 우리 말로도 웃음은 볼에 가득하네.
서로 마주쳐도 알아보지 못함을 이해한다면,
미륵의 누각문도 활짝 열어지리라!

한 법조인이 본 금강경

초판 1쇄 인쇄 | 2023년 2월 20일
초판 1쇄 발행 | 2023년 2월 25일

지은이 | 임희동
발행인 | 강희일·박은자
발행처 | 다산출판사

주소 | 서울시 마포구 대흥로 6길 8 다산빌딩 402호
전화 | (02) 717-3661
팩스 | (02) 716-9945
이메일 | dasanpub@hanmail.net
홈페이지 | www.dasanbooks.co.kr
등록일 | 1979년 6월 5일
등록번호 | 제3-86호(윤)

이 책의 판권은 저자에게 있습니다.
이 책의 저작권에 관한 모든 책임은 저자에게 있습니다.
잘못된 책은 구입하신 서점에서 바꾸어 드립니다.

ISBN 978-89-7110-634-1   03220

정가 10,000원